풍자화 로 보는
러일전쟁
석화정
지식산업사

풍자화로 보는 러일전쟁

초판 제1쇄 발행　2007. 1. 3.
초판 제4쇄 발행　2018. 12. 3.

지은이　석 화 정
펴낸이　김 경 희
펴낸곳　(주)지식산업사
　　　　본사 ● 10881, 경기도 파주시 광인사길 53(문발동)
　　　　　　전화 (031)955-4226~7　팩스 (031)955-4228
　　　　서울사무소 ● 03044, 서울특별시 종로구 자하문로6길 18-7(통의동)
　　　　　　전화 (02)734-1978　팩스 (02)720-7900
　　　　한글문패 지식산업사
　　　　영문문패 www.jisik.co.kr
　　　　전자우편 jsp@jisik.co.kr
　　　　등록번호 1-363
　　　　등록날짜 1969. 5. 8.

책값은 뒤표지에 있습니다.

이 책을 읽고 저자에게 문의하고자 하는 이는
지식산업사 전자우편으로 연락 바랍니다.

책을 내면서

지난 2004~5년, 러일전쟁 발발 100년을 되돌아보는 심포지엄이 세계 곳곳에서 개최되었다. 전쟁의 원인, 전쟁의 군사사적 연구, 전쟁과 러일의 국내정치 관련 연구, 전쟁이 20세기 역사와 동아시아에 미친 여파, 전쟁과 미디어 등 수 많은 관련 연구가 국제 심포지엄과 러일전쟁 연구 모임 등을 통해 이루어졌고, 그 결과들이 속속 출간되고 있다. 이들 심포지엄의 새로운 경향은 전쟁의 원인과 경과 그리고 그 결과를 국제 관계의 큰 틀 속에서 분석하려는 것이었다. 그런 점에서 러일전쟁을 국제 관계의 시각에서 해석하고 그것이 일본의 한국 병합에 미친 영향을 분석한 최문형 교수의 연구*는 러일전쟁 연구가 나아갈 바를 적확하게 제시한 기념비적 업적으로 평가되고 있다.

러일전쟁은 본질적으로 한국과 만주 지배를 둘러싼 군사적 제국주의의 패권 다툼이자, 러시아의 남하정책과 일본의 대륙진출정책이 충돌

---

* 최문형, 《국제관계로 본 러일전쟁과 일본의 한국병합》(지식산업사, 2004)/《日露戰爭の世界史》(藤原書店, 2004).

한 결과였다. 러시아는 만주를 점령한 채 한반도 북부까지 중립화하고
자 했고, 반면 일본은 이를 묵과할 수 없었다. '러시아가 한국 문제에서
손을 떼도록 하는 것은 일본에게는 사활이 걸린 중대한 문제였다.' 그리
고 전쟁에서 일본을 지원한 영국과 미국은 이 사실을 잘 알고 있었다.

　러일전쟁은 러일 두 나라의 패권 다툼으로 그치는 전쟁이 아니었다.
러일전쟁에는 제국주의시대에 동아시아에서 벌어진 열강의 패권 경쟁
뿐만 아니라, 전쟁의 직접적인 결과이자 희생물이 된 한반도와 만주,
영·미의 직·간접적인 동아시아정책, 19세기 내내 지속된 영·러 사이의
전세계적 규모의 대립 관계, 유럽에서 벌어진 프랑스와 독일의 민족주
의적 대립, 발칸반도를 둘러싼 러시아와 오스트리아의 대립 등, 제1차
세계대전으로 가는 국제질서의 변화과정 등이 모두 압축되어 있다. 러
일전쟁을 쉽게 이해하기 어려운 까닭도 여기에 있다.

　그런데 이렇듯 복잡하고 베일에 싸인 제국주의시대의 국제 정황을
100여 년 전의 시사만평가들은 신문과 저널 그리고 엽서 등에 익살맞은
풍자화로 담아냈다. 한 장의 풍자화는 수많은 말과 메시지를 전달한다.

동시대의 많은 이들로부터 통쾌한 웃음과 공감을 자아내는 시사만평의 고유한 속성 때문이기도 하지만, 러일전쟁의 풍자화는 한순간 웃고 넘길 단순한 우화로 그치는 것이 아니다. 풍자화의 언어와 상징이 뿜어내는 객관적이고 분석적인 박력은, 때로는 사료로만 말을 하려는 고집스런 역사학도들을 압도한다.

풍자화에는 매우 풍부하고 다양한 언어와 상징이 담겨 있다. 풍자화에는 다른 사회와 문화를 바라보는 이미지, 한 사회나 문화권의 가치체계와 관습·전통, 그리고 제국주의시대의 고유한 언어와 그 상징체계까지 고스란히 녹아 있다. 그러므로 각국의 풍자화는 자연히 그 나라의 문화와 언어를 반영한다. 영국의 《펀치(*Punch*)》나 오스트리아의 《데어 플로(*Der Floh*)》에 실린 삽화들은 자국의 이해관계를 넘어, 객관성과 통렬한 비판에서 단연 앞선다. 특히 《데어 플로》의 예리한 삽화들은 18세기 이래 합스부르크 제국에서 성장해온 풍부하면서도 성숙한, 오랜 풍자문화의 산물임을 엿볼 수 있다. 미국의 《하퍼스위클리(*Harper's Weekly*)》 등은 주로 자국 중심의 시각에서 세계 정세를 바라보는 경향이 두드러졌다.

　동시에 풍자화에는 이질적인 타 문화권에 대한 왜곡된 이데올로기와 편견까지 아울러 담고 있다. 제국주의시대의 풍자화에는 강대국 중심의 힘의 논리가 그대로 투영되어 있다. 즉, 파워 게임의 경쟁국, 경쟁의 대상국에 대한 편견과 왜곡된 이미지가 여과되지 않은 채 그대로 풍자화에 반영되어 있는 것이다. 풍자화를 해석하는 데 가장 어려운 점이 바로 이것이다. 필자의 제국주의시대 강좌를 수강하는 학생들이 가끔씩 제기하는 문제 가운데 하나는, 19세기 말에서 20세기 초의 수많은 비밀동맹과 외교협정에서 강대국이 약소국의 운명을 마음대로 거래하던 '제국주의시대의 국제질서'가 도저히 이해되지 않는다는 것이다. 100여 년 전 약육강식의 제국주의시대에 횡행하던 '힘의 정치'가 생경하게 느껴진다면, 적어도 지금의 국제질서가 국가 사이의 상호 존중과 진정한 우호에 바탕을 두고 있는 것이라고 위안 삼을 수도 있을 것이다. 그러나 지금도 주변 강대국의 틈바구니에서 여전히 '생존의 길'을 모색하는 약소국에게는 냉혹한 약육강식의 국제질서와 힘의 논리가 과거의 역사적 경험의 범주에만 머물지 않을 수도 있다. 이 역시 우리 모두가 직면하고 있는 국제질서의 현실이다.

이 책은 무엇보다도 당시의 풍자화를 통해 더 쉽고 재미있게 역사를 이해할 수 있도록 하는 데 일차적인 목적을 두고 있다. 시사만평가들의 신랄한 풍자와 역사의식이, 얽히고설킨 제국주의시대의 냉혹한 국제질서의 비밀스런 이면의 흐름뿐만 아니라, 심지어는 향후 변화까지도 앞서서 꿰뚫어 보았기 때문이다. 그러므로 이 책은 삽화 그 자체의 연구서는 아니다. 풍자화의 언어를 역사적 사실과 연계해 역사교육의 자료로 적절히 활용할 수 있는 계기를 마련하려는 데 이 책의 의미를 두고 싶다.

이 책에서 선정한 풍자화의 기준은 두 가지이다. 삽화가 당시 제국주의시대의 국제 관계를 얼마나 정확하게 반영했는가, 그리고 삽화를 통해 러일전쟁을 어느 정도나 쉽고 효율적으로 이해할 수 있는가 하는 것이다. 그런 점에서 사실적인 성격이 강한 회화류나 화보(illustration)류는 이 책에서 다루지 않았다. 주로 역사적 장면의 재현에 치중한 회화류와 화보류보다는, '본능적이고 이기적인' 국제 관계의 현실을 익살맞으면서도 정확하게 예측·비판한 풍자화와 시사만화(cartoon, caricature)가 더욱 흥미롭게 이해될 수 있다고 보기 때문이다. 이 점에서 필자는 역사적 상황을 재구성하기 위해 발행 연대가 대체로 분명한 삽화만을, 그리고 약간의 설명을 곁들이면 누구나 쉽게 이해할 수 있는 풍자화를 중심으로 이 책을 엮어보았다.

이 책의 삽화 자료들은 대부분 필자가 10여 년 동안 저널들과 신문 그리고 고서나 복간된 문서화집에서 수집한 마이크로 자료들이다. 자료들은 주로 미국 의회도서관, 조지타운 대학, 하와이 대학 해밀튼 도서관, 팬실베니아 대학, 일본 국회도서관, 가와사키 시립박물관, 호세이 대학, 프랑스 국립도서관, 독일 함부르크 대학, 런던 대학의 SOAS 등에서 수집했다. 더불어 영국의 《데일리미러(*Daily Mirror*)》, 오스트리아의 《데어 플로》, 미국 지방 언론지들의 삽화 등은 고서와 인터넷에 개방된 문서고 사이트를 이용했다.

19세기 유럽사, 제국주의시대와 제1차 세계대전사를 강의하면서 학

생들이 삽화 자료를 통해 훨씬 효율적으로 흥미 있게 역사를 이해한다
는 사실을 발견하고부터는 필자의 삽화 수집에 그야말로 가속도가 붙
었다. 여러 문서고와 도서관에서 연구자료보다도 삽화 수집에 더 열을
올린 적이 있었음을 필자는 솔직하게 고백한다. 마이크로 자료들과 낡
은 장서들을 조심스럽게 복사하면서 남모르는 보물을 캐낸 것 같은
흥분을 느끼기도 했다. 오랜 시간 마이크로 자료를 일일이 검색하는
작업은 비록 고된 일이었지만, 100년 전의 시사만평가들의 혜안과 역사
적 사실이 일치함을 발견하는 것은 실로 후학 연구자에게는 큰 기쁨이
자 축복이었다. 필자는 풍자화에서 과거 사람들의 증언을 들었으며,
현존 자료들과 대조해가며 그들의 해학을 이해하고자 노력했다. 당시
의 수많은 종군기자·시사만평가·풍자화가들의 혜안에 깊은 경의를 표
한다.

　이 책을 발간하면서 풍자화 수집과 그 해석에 많은 도움을 준 분들에
게 고마움을 표한다. 개인 소장의 엽서 자료 및 인터넷 자료들을 이용할
수 있도록 허락해준 제프 린하르트(Sepp Linhart), 율리아 미하일로바

(Yulia Mihkailova), 그레고리 월러(Gregory A. Waller) 교수께 감사드린다. 이 책에 실린 많은 일본 삽화 자료들은 일본 국회도서관 이와키 시게유키(岩城成幸) 선생의 각별한 도움에 따른 것이다. 필자는 그분께 이루 말할 수 없는 많은 빚을 지고 있다. 신간자료를 꼬박꼬박 챙겨 보내준 친구 이마자토 요코(今里陽子), 그리고 2005년 겨울에 필자가 미국 팬들힐 커뮤니티에 머무는 동안 서양인들의 유머에 눈을 뜨게 해준 로레인 퍼거슨(Lorraine Ferguson) 수녀님과 호머 우드(Homer Wood)를 비롯한 여러 분들로부터도 많은 도움과 격려를 받았다. 이름을 미처 알아두지 못한 도서관의 많은 사서들에게도 고마운 마음을 전한다. 그들의 각별한 도움으로 생각하지도 못한 자료들을 찾을 때도 많았다.

2005년 12월에 필자는 호세이 대학(法政大學) 오하라 사회문제연구소(大原社會問題硏究所)가 주최한 국제 심포지엄에서 〈풍자화에 나타난 러일전쟁과 '힘의 정치'〉를 발표한 바 있다. 필자는 심포지엄을 계기로 오하라 사회문제연구소로부터 자료 수집에 많은 지원을 받았다. 아이다 도시오(相田利雄) · 카노 타다시(加納格) · 유효종(劉孝種) · 김성호(金成

浩) 교수께 감사드린다. 그리고 심포지엄 석상에서 아직 완성되지도 않은 이 책의 일본판 출간을 선뜻 제안해주신 사이류사(彩流社)의 다케우치 아츠오(竹內淳夫) 사장께 마음으로부터 깊은 감사를 드린다.

오스트리아 삽화 해석에 도움을 준 김춘식 박사, 초고를 읽은 뒤 삽화로 보는 대중적인 역사서의 출간을 적극 격려해주신 판화가 이철수 님, 책의 체재에 재기 넘치는 조언을 해준 제자 김종섭에게 고마움을 전한다. 방대한 자료들을 어떻게 세상과 소통시켜야 할지 고민하던 필자 곁에서 이 책을 손꼽아 기다려준 많은 학생들, 어려운 출판계 상황에서도 이 책의 구상 단계 때부터 출간을 격려·지원해주신 지식산업사 김경희 사장님, 이 책의 편집을 맡은 이경희 선생과 지식산업사 가족들의 노고에도 깊은 감사를 표한다.

2006년 12월 15일
지은이 석 화 정

풍자화 인물의 길라잡이

러일전쟁 시기에 서구의 풍자화에 나타난 러시아의 공통된 이미지는 '야만'을 상징하는 '곰'이었다. 19세기 서구의 만평가들은 근대화가 늦은 러시아를 '곰'으로 표현해왔다. 특히 러일전쟁 이전의 러시아는 거구의 곰으로 상징된다. 여기에는 러시아의 남하에 대한 서구의 막연한 두려움, 즉 '공러의식(恐露意識, Russophobia)'이 담겨 있다. 그러나 러시아가 일본과 벌인 전쟁에서 패배를 거듭함에 따라, 러시아가 두렵다는 의식은 곧바로 '반(反)러시아' 정서로 전환하여 미련하고도 비루한, 상처 투성이의 거지 곰으로 풍자되기 시작했다. 1980년 모스크바 올림픽 당시 소련의 공식 마스코트로 갈색 곰 '미샤'가 등장한 바 있는데, 러시아인들 스스로도 이제는 자국의 이미지를 곰으로 받아들인 것이 아닌가 여겨진다.

일본의 풍자화에서는 무엇보다도 러일전쟁 이후 국제정세 변화의 주요 흐름을 놓치지 않는 치밀함과 용의주도함이 드러난다. 그것은 특히 전쟁 이후 국제정세에 대한 풍자화가 급증한 것과도 밀접한 관련이

풍자화에 등장하는 러시아의 이미지

풍자화에 등장하는 러시아의 이미지

풍자화에 등장하는 일본의 이미지

풍자화에 등장하는 일본의 이미지

풍자화에 등장하는 일본의 이미지

있다. 승전 이후 강대국 반열에 올라서면서 국제 정황에 대한 일본의 관심과 발언권 증대를 반영하는 것으로 보인다. 청일전쟁기 이래 일본의 국가 이미지는 벌처럼 작은 곤충이나 왜소한 원숭이의 모습이었다. 영일동맹 관계에서는 여성, 특히 농염한 여성으로 묘사되기도 했고, 러일전쟁 초기에는 대체로 왜소한 체구의 황색인 소년병으로 그려졌으나, 러일전쟁 승리 뒤에는 서양과 동등한 남성·군인으로 그려지고 있다.

19세기 '해가 지지않는 제국' 대영제국의 이미지는 존 불(John Bull)로 상징된다. 정글의 왕 사자로, 터질 듯한 풍채의 탐욕스러운 상인으로, 세일러복을 입은 수병이나 노회한 노인의 이미지로 그려지기도 했다. 일본의 파트너로서 영국의 이미지는 강하고 탐욕스러운 중장년의 남성상이 주종을 이루고 있다.

영국의 존 불과 항상 같이 등장하곤 하는 미국의 이미지는 성조기를 형상화한 복장의 엉클 샘(Uncle Sam)이다. 러일전쟁기의 엉클 샘은 '제국주의자(Mr. Imperialist) 루즈벨트(Theodore Roosevelt) 대통령'을 상징하며, 영국의 배후에서 파이프나 시가를 문 채 '다소 동떨어져서' 상황을 여유롭게 지켜보는 모습으로 등장한다. 이는 '고립주의'·'불개입주의'·'이상주의' 등으로 상징되는 미국 대외정책의 패턴을 그대로 반영하는 것으로 해석된다.

여러 삽화에서 프랑스는 공화국을 상징하는 여성 '마리안(Marianne)'과, 대체로 부유한 귀부인의 이미지로 드러난다. 이는 프랑스가 18세기 말 대혁명 이래 지니고 있던 자유·평등·평화 그리고 금융자본 투자가로서 국가 이미지가 강하게 자리잡은 데서 비롯된 듯하다. 그런가 하면 프랑스는 동맹국 러시아의 패배를 우려와 착잡함으로 바라보면서도 다른 한편으로 유럽에서 독일과 충돌을 우려하는 소심한 신사의 이미지로 표현되기도 한다.

풍자화에 등장하는 영국의 이미지

풍자화에 등장하는 영국의 이미지

풍자화에 등장하는 영국의 이미지

풍자화에 등장하는 미국의 이미지

풍자화에 등장하는 미국의 이미지

풍자화에 등장하는 프랑스의 이미지

풍자화에 등장하는 프랑스의 이미지

반면 보불전쟁 이래 제1차 세계대전에 이르기까지 프랑스의 '복수(Revanche)'의 대상이던 독일의 이미지는 한결같이 호전적인 군인의 모습이다. 이러한 모습은 모로코 위기에서부터 발칸반도 위기에 이르기까지 시종 러불동맹을 와해시키기 위해 고군분투하는 독일의 상황을 풍자한 것이다. 독일의 이 같은 호전적인 이미지는 러일전쟁기뿐만 아니라 제1차 세계대전에 이르기까지 일관된다. 통일 이후 급부상한 독일 제국의 힘의 팽창이 당시 유럽의 국제질서에 얼마나 위협적으로 작용했는지를 짐작케 한다.

러일전쟁기를 전후한 구(舊)한국의 이미지는 한마디로 정상적인 사람의 모습과는 거리가 있다. 허수아비, 양반 차림에 검은 안경을 쓴 우스꽝스러운 모습, 혹은 갓 쓰고 도포 차림을 한 채 어울리지 않게 딸랑이를 들고 있는 천진난만한 어린이의 모습 등으로 한국의 국가 이미지가 그려진 것이다. 바깥 세상의 물정을 모르는 우물 안 개구리, 그것이 곧 한국의 모습이었다. 한국은 청일전쟁기 이래 작은 몸집의 동물, 게, 나약한 호랑이, 허수아비 등으로 묘사되었다. 프랑스와 독일의 삽화나 엽서에서는 한국이 일본풍의 여성 또는 가슴을 드러낸 빈한한 여성의 모습으로 나타나기도 했다. 한국·일본·중국을 여성으로 묘사하며 남성인 서양과 대비시켜 바라보는 경향은 19세기 이래 유럽인들에게 풍미한 일종의 오리엔탈리즘적인 정서를 반영하는 것이다.

풍자화에 등장하는 독일의 이미지

풍자화에 등장하는 한국의 이미지

풍자화에 등장하는 한국의 이미지

풍자화에 등장하는 한국의 이미지

1. '힘의 정치'(Power Politics)의 시대

<그림 1>
내 칼이 하나로 보이냐!
조르주 비고, 1902년경의 러시아 엽서

러일전쟁에 이르는 동북아시아의 국제 관계를 잘 압축한, 프랑스 삽화가 조르주 비고(George Ferdinand Bigot, 1860~1927)의 수작(秀作)이다. 뒷짐을 진 채 시가를 물고 있는 태연한 모습의 러시아 장교, 반면 그에게 칼을 겨누고 있는 일본군, 그리고 러시아와 싸움을 부추기는 동맹국 영국이 그 뒤에 있다. 일본군의 등을 떠미는 영국인은 러시아와 일전을 부추기는 적극적인 모습이다. 그리고 영국 뒤에 서 있는 미국의 엉클 샘은 이들과 약간 떨어져서 파이프를 문 채 상황을 지켜보는, 여유 있는 표정이다. 굳이 적극적인 의사를 표명하지 않고 영일동맹의 배후에 서 있는 것만으로도 러일전쟁 발발 시 미국이 표방한 '중립'이 얼마나 허구였는가가 드러난다. 러일전쟁을 도발한 일본에게는 이처럼 동맹국인 영국과 영일동맹에서 '사실상의' 동맹국인 미국이 버팀목이 되어주었다.

그림 1

그러나 정작 일본군은 영일동맹과 미국의 지원에 힘입어 러시아에 칼을 들이대면서 도전해보려 하지만 발이 떨어지지 않는 모양이다. 엉덩이를 뒤로 쭉 빼고 있는 모양새가 그렇다. 몇 년 전 필자의 〈제국주의 열강과 한국〉이라는 강좌에서 한 학생이 이 풍자화의 제목을 '내 칼이 하나로 보이냐'라고 붙인 바 있다. 러일전쟁을 둘러싼 동아시아에서의 국제 관계, 구미 열강을 등에 업은, 방자한 모습의 일본 제국주의를 탁월하게 표현한 것이어서 그 제목을 그대로 인용했다.

비고는 1882년부터 1895년까지 일본에 머물며 활발한 작품 활동을 펼쳤던 풍자화의 대가이다. 청일전쟁기에는 한 영국 신문의 특파 화가로 종군했다. 프랑스로 돌아간 뒤에도 시사만화 등을 통해 대중적인 인기를 누렸다. 그의 수많은 작품들은 프랑스·일본·러시아 등에서 나온 엽서와 잡지 그리고 화보집 등에 남아 있다.

〈그림 2〉, 〈그림 3〉
내가 뒤에 있으니까 염려마
조르주 비고, 芳賀徹, 淸水勳, 酒井忠康, 川本皓嗣 編, 《ビゴー素描コレクション 3-明治の事件》(岩波書店, 1989)/미국삽화, 1904, Marshall Everett, *Exciting Experiences in the Japanese Russian War*, 1904, 227쪽

〈그림 2〉를 그린 조르주 비고의 설명에 따르면, 영국은 일본을 다음과 같이 부추기고 있다.

내가 뒤에 있어…… 바로 뒤에 있으니까…… 자, 앞으로 나가. 무서워? 상대는 동작도 느리고 머리도 우둔하니까 걱정 말고…….

도전받게 될 거구의 러시아 곰은 긴 칼을 차고는 있지만, 담배를

그림 2

Old England au Japon....
Je suis là ....derrière , vas y , aie pas peur il est empaillé ....

ENGLAND—"You take 'im by the horns and I'll catch 'im by the tail."

입에 문 채 상황의 심각성은 채 깨닫지 못한 눈치이다. 반면 왜소한 체구의 일본 군인은 완전무장을 하고 있다. 그러나 일본군은 러시아를 향해 총을 겨누지도 못하고 있다. 잔뜩 겁을 먹은 채로 영국에 떠밀려 러시아에 도전하려 하고 있다.

〈그림 3〉에서도 영국의 존 불이 멀리서 일본군에게 소리치고 있다. "네가 뿔을 잡아당기면, 내가 꼬리를 잡을게." 그러나 일본과 함께 소꼬리를 잡기에는 존 불의 위치가 너무 멀어 보인다. 그리고 러시아 소와 일본군이 다투는 곳은 한반도 위이다. 러일전쟁의 본질적 성격과 힘의 국제질서가 잘 압축되어 있다.

〈그림 4〉
불 속의 밤을 내가 꺼내야 하나? ─열강에 농락당하고 있는 일본
《ビジコアル 日本の歴史 50 ; 近代國家への道》 10, Deagosostini, 2006, 411쪽

화롯가에서 굽고 있는 밤을 먹고는 싶은데, 어찌 꺼낼 것인가.

라 퐁텐 우화에 나오는 '불 속의 밤을 줍는다'는 표현은 주변의 부추김에 위험한 짓을 저지르지만 결국 '불 속의 밤'은 송두리째 남에게 빼앗기고 마는 어리숙하고 고지식한 사람을 빗댄 것이다.

거구의 영국인이 소년병 일본으로 하여금 러시아인이 굽고 있는 밤을 화로에서 꺼내도록 부추기고 있다. 그리고 영국인의 배후에는 미국인이 서 있다. 이 그림은 영일동맹 기간 내내 일본이 사실상 '영국의 이익과 편의에 따라 움직여왔음'[1]을 잘 드러내고 있다. 영국인과는 대조적으로 일본의 소년병은 발이 떨어지지 않는 듯, 망설이는 모습이 역력하다.

그림 4

〈그림 5〉, 〈그림 6〉
영·미의 일본 지원
Punch, 1905, 4, 5/*St. Paul's Pioneer Press*, 1904, 6(www.Indiana.edu/~jia1915/war/keepit2.html)

영국과 미국의 전주(錢主)들이 싸움닭 일본의 쇠발톱을 도금하는 데 기꺼이 거금을 투입할 태세이다. 그림을 보면, 존 불은 1,500만 파운드를 제공할 태세이며, 미국 신사(유대계)는 750만 달러를 제공할 기세이다. 일본이 승승장구하는 배후에는 이처럼 영·미 두 나라의 전비 지원이 있었다. 싸움닭을 내보내는 일본 텐노(天皇)는 투계장 안까지 들어와 응원하고 있다. 텐노의 초조한 표정과는 대조적으로 영·미 신사들의 느긋한 표정이 눈에 띈다.

영국과 미국이 1904~1905년 네 차례에 걸쳐 일본에 제공한 7억여 엔은 일본 전비의 약 40퍼센트에 해당했다.[2] 일본은 연간 전비를 4억 5,000만 엔 정도로 예상했으나, 실제로는 러일전쟁 2년 동안 약 19억 엔 이상을 지출했다.[3] 이는 1903년도 일본 국가예산의 8배에 달하며, 청일전쟁 전비의 거의 10배에 해당하는 금액이었다.[4]

〈그림 6〉에서는 미국의 엉클 샘이 일본에 막대한 차관을 제공하며 다음과 같이 말하고 있다. "공식적으로는 내 입장이 절대 중립(absolutely neutral)임을 이해해줘야 하네."

그림 5

그림 6

〈그림 7〉
원숭이와 곰의 휴식시간
Der Floh, 1904. 6. 12

　경기를 치르는 도중 휴식 시간에 러시아와 일본이 경기장을 돌며 각기 전비 지원을 받고 있다. 재주를 부리는 작은 원숭이 일본의 손에는 채찍이 들려 있고 허리에는 칼이 채워져 있다. 구걸용으로 삼은 모자도 곰의 그것과 견줄 때 그리 크지 않다. 휴식 시간임에도 작은 체구의 원숭이가 곰의 코에 코뚜레를 꿰고 다니는 모습이 당당해 보인다. 전쟁의 대세가 이미 일본으로 기울고 있음을 풍자한 듯하다.

　이에 견주어 큰 몸집의 러시아 곰은 프랑스 부인으로부터 거금을 지원받고 있다. 유럽의 풍자화에서 프랑스는 금융제국주의 국가를 상징하는 돈 많은 귀부인으로 묘사되는 것이 보통이다. 그러나 동맹국인 러시아 곰은 온몸이 상처 투성이에다가 붕대를 감고 있으며, 길고 크지만 제대로 힘을 발휘하지 못할 것 같은 큰 채찍을 그나마 목발로 사용하고 있는 처지이다. 온몸이 성한 데가 없으며, 옷마저 다 헤진 상태이다. 국내외적으로 궁지에 처한 러시아 전제정의 모순을 잘 드러내준다. 몹시 힘이 드는 듯 눈물 콧물 다 흘리고 있는 러시아 곰이지만, 그래도 성십자가 목걸이를 소중하게 목에 걸고 있다. 신앙심에 의존해 모든 역경을 극복하겠다는 것인가.

　특히 러시아 곰을 등 뒤에서 분발시키고 있는 독일 관중의 태도를 눈여겨 보자. 전쟁을 부추기면서도 실질적인 지원을 마다한 독일의 태도를 잘 풍자하고 있기 때문이다. 독일은 '극동에서 공격받을 경우 지원을 기대해도 좋다'는 뜻을 1903년 7월 이래 수 차례에 걸쳐 러시아에게 암시했다. 그러면서도 독일은 다른 한편으로 개전 직전 전쟁에 개입하지 않을 것임을 일본에 통보했고(1904년 1월), 전쟁이 발발하자 중립을

·DER FLOH·
·IN DER PAUSE·

표방했다. 뿐만 아니라 독일은 러·일 양쪽에 모두 차관도 제공했다.[5] 독일의 이러한 이중적 태도가 사실상 러일전쟁을 부추긴 것이 아닌가 하는 문제는 아직까지도 논란의 대상이 되고 있다.

관객 가운데 미국의 엉클 샘은 웃음을 띤 채 여유 있는 표정이다. 어떤 관객은 동아시아에서의 전쟁은 아무런 상관이 없다는 듯 하품을 하고 있고, 입장하지 못한 나라들은 무대 밖에서 상황을 지켜보고 있다. '서아시아의 병객' 터키의 술탄도 흥미롭게 러일전쟁을 지켜보고 있다.

〈그림 8〉, 〈그림 9〉
열강의 관심은?
Detroit Evening News, 1904, Marshall Everett, 303쪽/*Los Angeles Times*, 1904. 3. 5
(www.Indiana.edu/~jia1915/war/keepit2.html)

"석면포 커튼은 화재 때에도 문제없을 것이고, 출구도 잘 정비되어 있겠지?"〈그림 8〉에서 전쟁의 불길이 타오르는 모습을 지켜보는 '국제극장' 객석의 사람들은 경악과 불안으로 가득 찬 얼굴을 하고 있다. 그러나 그들의 주된 관심사는 그 불길보다는 오로지 극장 안의 방화시설에 대한 걱정뿐이다. 맨 앞줄에 앉아 있는 관객으로 영국의 존 불, 미국의 엉클 샘, 프랑스 귀부인, 독일군, 터키의 술탄 등이 보인다. 일본의 텐노와 변발한 중국인은 근심과 우려가 섞인 초초한 표정을 짓고 있다. 2층 발칸반도 자리에서도 러일전쟁의 추이를 주의 깊게 지켜보고 있다. 모두 러일전쟁으로 말미암아 피해를 보지 않으려는 냉혹한 국제관계를 상징한다.

〈그림 9〉에서는 만주와 한국의 경기장 안에서 러시아군과 일본군이 싸우고 있다. 이를 관전하고 있는 영국·미국·독일·프랑스의 주요 열강은 '누가 이길까'에 관심을 집중하고 있지만, 겉모습은 방관적이고 여유

ALL—"IS THE ASBESTOS CURTAIN IN WORKING ORDER AND ARE THE EXITS IN PERFECT CONDITION?"

그림 9

CHINA
MANCHURIA
KOREA

롭기까지 하다. 멀리서 지켜보고 있는 중국인은 러일전쟁뿐만 아니라 열강의 동향까지도 유심히 살피고 있다.

〈그림 10〉
영국과 동맹이냐? 러시아와 제휴냐?
Der Floh, 1901. 7. 7

러시아 곰과 영국 사자 사이에서 무엇을 선택할지 고민하고 있는 일본 원숭이. 일본이 본격적으로 친영 진영으로 기운 것은 1901년 가을부터이지만, 1901년 여름에 이미 영국 쪽으로 대세가 기울어 있음을 예시하는 놀라운 자료이다. 만면에 희색을 띤 사자와, 시커먼 그림자에서 드러나는 러시아 곰의 암울한 모습, 작고 날쌘 모습의 원숭이가 매달려 있는 지레는 이미 사자 쪽으로 기울어 있다.

영국과 동맹을 체결해야 한다는 목소리는 1880년대 중반 무렵부터 이미 일본 외교가 일각에서 제기되기 시작했다. 1901년 초 고무라 주타로(小村壽太郎)를 비롯한 외무성 소장파들은 영국과의 동맹을 강력히 주장했다. 이와 달리 수상이던 이토 히로부미(伊藤博文)를 비롯해 이노우에 가오루(井上馨) 등 겐로(元老)들은 러일협약을 주장했다. 러시아와 제휴한다면 한국 문제를 러·일 두 나라의 문제로 한정시킬 수 있다는 것이 당시 이들 겐로들의 판단이었다. 그러나 일본은 영국을 파트너로 선택했고, 러시아는 영일동맹으로 말미암아 동아시아에서 심각한 고립에 빠지게 되었다.

Welch' einen imposanten Anblick bei czechischen „Sokolfesten" die französisch-slavische Gemeinbürgschaft bietet!

〈그림 11〉~〈그림 13〉
영일동맹의 이해관계
미국삽화, 1904, Marshall Everett, 220쪽/*St. Paul's Pioneer Press*, 1904, Marshall Everett, 386쪽/미국삽
화, 1904, Marshall Everett, 330쪽

이들 세 그림은 공통적으로 러시아가 영일동맹 쪽과 어떤 점에서 식민적·전략적 이해가 대립되었는가를 보여준다. 우선 세 그림 모두 영국의 이해를 티베트로 묘사하고 있다. 영국에게 티베트는 인도 북부로 남하하려는 러시아를 차단하는 최전방이 된다. 〈그림 11〉에서 나타나듯이, 머리를 싸맨 채 전전긍긍하고 있는 일본 맹견에게 사활이 걸린 것은 한국이다.

반면 세 그림 모두에서 보듯이, 러시아는 중국에 중요한 이해를 두고 있으나 티베트와 한국 모두에 미련을 두고 포기하지 못하는 모습으로 풍자되고 있다. 〈그림 11〉에서 러시아는 티베트와 한국을 지키려는 두 개의 머리를 가진 독수리이다. 〈그림 13〉에서는 러시아인이 '중국'이라는 집에서 닭 두 마리(만주와 한국)를 잡아서 나오고 있다. 그러자 '티베트'로 들어가려던 영국의 존 불은 "당장 그 닭들을 내려놓지 못해! 이 불한당 놈!"이라고 소리치고 있다.

〈그림 12〉에서도 러시아 곰은 우왕좌왕하고 있다. 영국 사자가 이제 막 '티베트'로 들어가려고 하기 때문이다. 러일전쟁 초기까지도 티베트가 여전히 두 나라 사이의 분쟁 지역임을 묘사한 것이다. 그러나 영국은 러일전쟁이 발발한 틈을 타 티베트에 조약을 강요하여 유리한 위치를 점했다.

RUSSIA
THIBET
CHINA
COREA
JAPAN

THE BEAR---"THIS WATCHING TWO HOLES AT ONCE JUST DRIVES ME WILD."

JOHN BULL—"Drop those chickens, you scoundrel!"

〈그림 14〉, 〈그림 15〉
러불동맹과 영일동맹
Le Petit Journal, 1902. 4. 6/미국 삽화, 1904, Marshall Everett, 356쪽

1902년 1월 30일, 영국과 일본이 동맹을 체결함으로써 동아시아의 국제 관계는 새 국면으로 접어들게 된다. 영일동맹은 영국에게는 19세기 내내 지켜왔던 이른바 '영광스러운 고립'의 탈피를 의미했다. 반면 청일전쟁의 승리 이후 새롭게 부상한 신흥 강국 일본에게 서구 열강, 그 가운데서도 대영제국이라는 파트너는 분명히 동아시아에서 그들에게 날개를 달아줄 것이 분명했다.

〈그림 14〉에 나타난 청국에서의 영일동맹 모습은 기이하기까지 하다. 영국 수병은 탐욕스러운 큰 입과 이 그리고 긴 다리를 한 채 한 손에는 흉측한 칼을 잡고 있으며, 다른 한 손에는 '차이나'라고 적힌 도자기를 상대 여성에게 건네고 있다. 반면에 일본은 기모노를 입은 '수동적이며 여성적인' 모습이다. 당시 구미의 만평가들이 영일동맹을 바라보는 시각에는 이처럼 거친 남성인 영국과 기모노 차림의 여성인 일본의 결합으로 바라보는 경향이 공통적으로 있었다. 이는 서양을 강한 남성으로, 동양을 수동적인 여성으로 드러내는 '오리엔탈리즘적' 표현의 하나이다. 영일동맹 관계를 표현한 많은 삽화에서 영국 남성은 대체로 탐욕스럽고 공포스러운 인물로 묘사된다. 이 같은 방식의 풍자는 영일동맹 20여 년 동안 영국의 전세계적 이해에 따라 동맹이 좌우된 과정을 보여준 혜안으로 평가될 수 있다.

동아시아에서 새로이 탄생한 이 기이한 연인들을 바라보는 러시아와 프랑스의 태도가 흥미롭다. 니콜라이 황제의 모습을 닮은 러시아 귀족과 프랑스 부인이 팔장을 낀 채로 커튼 뒤에서 상황을 주의 깊게 지켜보고 있다. 러불동맹(1894년)이 체결된 이래 두 나라의 밀월은 유럽에서보

그림 14

China

Can They Stand the Strain?

다는 '아시아의 샴쌍둥이'라 불릴 정도로 아시아에서 더 긴밀한 관계를 유지해왔다.[6] 러시아와 동맹으로 프랑스가 중국과 만주 그리고 한국으로 팽창하려는 러시아의 외교적·경제적 배후세력이 되었기 때문이다.

〈그림 15〉에서 영국과 프랑스는 벼랑 밑에서 싸우는 자국의 동맹국들을 아슬아슬한 밧줄로 지탱하고 있다. "저들이 계속 버틸 수 있을까" 우려하면서. 그러나 이는 동맹국을 우려해서라기보다는 밧줄을 붙들고 있는 자신들의 힘이 부치기 때문이다. 결국 영국과 프랑스는 아시아의 전쟁에 연루된 데 따른 불안감을 '영불협상'을 통해 곧 털어내게 된다.

영일동맹에 맞선 러불동맹의 확대 기도
Der Floh, 1902. 3. 30

중국이라는 마차를 둘러싸고 영일동맹과 러불동맹이 다투는 통에 힘겹게 마차를 끌어야 하는 마차꾼 쿨리는 땀과 눈물과 한숨으로 범벅이 된 얼굴이다. 더욱이 영국의 존 불은 탐욕스러운 중국 상인의 복장을 하고는, 파이프를 물고 희색이 가득한 얼굴로 두 발을 쭉 뻗은 채 쿨리의 변발을 고삐 삼아 잡아당기는 파렴치한의 모습이다. 그 옆에 앉아 있는 일본 군인 역시 눈을 내리깔고 짐짓 여유로운 표정이다. 이와 달리 러시아와 프랑스는 영일동맹에 맞서 수레를 흔들며 영·일 두 나라를 동요시켜보려 하지만 끄떡도 않는다. 영일동맹에 맞서 러시아가 프랑스와의 동맹을 아시아로 확대해보려고 애쓰는 상황을 잘 풍자했다.

러시아 정부는 프랑스에게 영일동맹의 효과를 무력화할 수 있는 유사한 조치로 영일동맹에 대응하자고 요구했다(2월 23일).[7] 당초 러시아 안(案)은 순전히 영국과 일본의 '연합군사행동'에 한해 프랑스와 러시

그림 16

아가 '필요하다고 판단되는 모든 조치를 취할 것'이라고 했다.[8] 그러나 델카세 외상은 람스도르프 외상이 제의한 문안을 수정·완화했다. 러·불 두 나라는 청국과 한국의 독립 유지가 계속되어야 한다는 희망을 확인했다. 또한 '제3국의 공격적 행동'이 그들의 적절한 이익을 위협할 경우에만 '두 동맹 정부는 그 이익을 지킬 수단의 고려를 유보한다'고 추가했으나, 여기서 더 나아가지는 않았다.[9] 요컨대 양국 정부는 어떠한 명확한 약속이나 경우에 따라 취해야 할 조치를 강구한다는 약속을 하지 않았다. 그러므로 이 같은 러·불 선언(1902년 3월 19일)은 영일동맹에 대항하기에는 크게 미진했던 셈이다.

〈그림 17〉~〈그림 19〉
러일전쟁은 영일동맹과 러불동맹의 대립?
Der Floh, 1904. 1. 17/독일 엽서, Sepp Linhart, "Niedliche Japaner"(Lit Verlag, Wien 2005/Cleveland Plain Dealer, 1904)

영국의 존 불과 프랑스 부인이 각기 총 한 자루씩을 가지고 마주서 있다. 단, 총구는 손으로 단단히 막은 채로. 존 불의 양복 뒷 저고리에서는 날이 선 칼을 손에 든 일본군이 곧 공격할 태세이다. 반면, 한 손에는 총, 허리에는 무딘 칼, 그리고 채찍까지 감춘 러시아가 프랑스 부인의 치맛자락에 숨어 상황을 엿보고 있다. 영국과 프랑스는 얼굴에 만면의 미소를 띠고 있지만, 전쟁 위기에 처한 각각의 동맹국들을 감싸고 있는 처지에서 그리 자유롭지 못한 어색한 표정이다.

〈그림 17〉은 러일전쟁이 사실상 영일동맹과 러불동맹의 대립이 되고 있는 상황을 풍자한 것이다. 러시아와 일본의 싸움은 곧 유럽 국가들의 대리전, 즉 세기에 걸친 러시아와 영국의 대립 그리고 각자의 동맹 때문에 전쟁을 치러야 할지도 모르는 영국과 프랑스의 모순된 처지를

Helden in Ostasien.

그림 18

7549
Der russisch=japanische Krieg
Trotz der schon erhalt'nen Wunden
thut man sich noch weiterschunden.
Staatssäckel
Japanischer Staatssäckel

그림 19

TO TROUBLE
FRANCE
ALLIANCE
CHINA
RUSSIA

잘 표현해주고 있다. 결국 영국과 프랑스는 각자의 동맹 때문에 아시아에서 전쟁에 연루되는 것을 피하기 위해 러일전쟁 발발 2개월 만인 1904년 4월 8일 '진정한 협상'을 통해 전쟁이 유럽으로 확대되는 것을 피했다.

〈그림 18〉은 '참패에도 불구하고 싸움은 계속될 것'이라는 제목의 독일 엽서이다. 영불협상이 체결되었지만, 러일전쟁에는 영일동맹과 러불동맹이라는 군사동맹의 결속이 전제되어 있었다. 상처 투성이의 러시아 곰을 보호해주려는 듯, 프랑스 마리안은 삼색기를 든 채 갑옷을 입은 간호장교의 모습을 하고 있다. 일본의 배후에는 불만스러운 표정의 영국군이 러불동맹을 바라보고 있다.

〈그림 19〉에서는 러불동맹으로 말미암아 동아시아의 전쟁에 끌려들어갈 수밖에 없는 프랑스의 난처함이 표현되어 있다. 그림 위쪽을 보면, 러시아 곰이 '골칫거리'라는 팻말이 가리키는 방향으로 돌진하고 있다. 러시아 곰과 '동맹'이라는 끈으로 연결된 프랑스 신사는 어쩔 수 없이 같은 방향으로 끌려갈 수밖에 없다. 그러나 프랑스가 러시아와 동맹을 체결한 것은 근본적으로 러시아가 이렇게 '골칫거리'인 '동쪽으로' 빠지는 것이 아니라, 반대 방향인 '서쪽으로' 향해서 독일을 견제하기를 바랐기 때문이다. 프랑스의 전략적 딜레마가 잘 표현되어 있다.

〈그림 20〉
꽉 붙잡아, 엉클 샘!
Harper's Weekly, 1904. 2. 27

벼랑 밑에서 싸움에 열중하고 있는 러시아와 일본. 벼랑 위에서는 열강이 상황을 지켜보며 자국의 이해관계를 재고 있다. 동아시아에서

W. A. Rogers.
HOLD FAST, UNCLE SAM!

벌어진 전쟁에 두 교전국과 동맹으로 연계되거나 이해관계를 가진 열강이 주의 깊게 추이를 지켜보고 있는 것이다.

벼랑 끝 앞쪽에서 상황을 지켜보고 있는 프랑스 신사는 동맹을 유지하기 위해서라도 러시아의 약화를 바라지 않는 안타까운 표정이다. 그 뒤에서 독일군이 프랑스 신사의 개입을 제지하고 있다. 유럽에서 러·불의 협공을 두려워 하고 있던 독일로서는 전쟁으로 말미암아 러시아가 계속 동아시아에 발이 묶여 있는 것이 그리 나쁠 것 없는 상황이기 때문이다. 일본과 동맹국인 영국은 자칫 아시아에서 벌어진 전쟁에 연루될까 두려워 미국에게 꽉 붙잡아줄 것을 당부한다.

러일전쟁에 이르는 20세기 초 동아시아 국제질서에는 이처럼 복잡한 동맹 관계와 제1차 세계대전에 이르는 유럽의 국제 관계가 전제되어 있었다. 독일·오스트리아·이탈리아가 연결된 삼국동맹, 이에 맞서 체결된 러시아·프랑스의 러불동맹, 그리고 뒤늦게 고립을 청산하고 결합한 영국과 일본의 영일동맹이 그것이다. 뿐만 아니라, 19세기 내내 전세계적으로 전개된 영국과 러시아의 대립, 식민지 문제에서 영국과 프랑스의 갈등, 유럽에서 독일과 프랑스의 숙적 관계, 발칸반도에서 러시아와 오스트리아의 대립 위기 등, 모든 것이 동맹 관계 위에 중첩되어 있었다. 이 같은 국제질서는 러일전쟁을 계기로 다시 새롭게 재편되면서 약소국의 운명은 바람 앞의 등잔처럼 더욱 위태롭게 되었다. 러일전쟁 10년 뒤에 제1차 세계대전이 발발한 것은, 적대적인 동맹들의 상호 침투(interpenetration)와 배신의 동상이몽으로 얼룩진 제국주의시대의 국제 관계 때문이었다. 사라예보의 암살 사건이 한 달 만에 세계대전으로 비화된 것도 이 같은 상호 불신과 상호 침투의 동맹 관계에서 비롯했다. 러일전쟁을 전후한 '힘의 정치' 시대에는 영원한 동맹국도 영원한 적도 없이 오로지 국익 증대를 위한 '힘의 논리'가 전세계를 지배했다.

2. 전쟁의 원인 – 한국과 만주 문제

〈그림 1〉
한국의 마지막 절규—국외중립(局外中立) 선언
Punch, 1904. 2. 3/《東京日日新聞》, 1904. 3. 31

1904년 새해 벽두, 전쟁이 임박한 가운데 당시 대한제국 고종황제는
러시아와 일본 사이에서 '국외중립'을 선언했다(1월 23일). "러시아와
일본의 관계가 점점 악화되고 양국이 평화적으로 문제를 해결하는 데
어려움을 겪고 있기 때문에, 대한제국 정부는 고종황제의 명에 따라
양국이 현재 벌이고 있는 협상의 결과가 어떻든 중립을 철저히 지킬
것이다."[1] 1904년 8월 12일 이래 동아시아에서 패권 조정을 위해 만주
와 한국을 둘러싼 러·일 교섭은 서로의 견해 차이만 드러낸 채 결렬되
었다. 한국의 중립 선언은 두 나라가 사정없이 밀고 당기는 힘겨루기에
꼼짝없이 결박된 상황에서 전쟁에 말려들지 않으려는 마지막 절규였
다. 팽팽한 줄다리기에 몸을 제대로 가눌 수 없을 만큼 무력해진 한국은
거의 숨이 막혀 죽을 지경이다.

중국 체푸(芝罘)에서 이루어진 한국의 중립 선언은 엄밀한 의미에서

그림 1

진정한 국제법적 의미의 중립이라고 할 수는 없었다. 고종황제는 중립 선언을 주한 러시아공사 파블로프를 통해 러시아에 전달했고, 이와 동시에 러시아에 '보호'를 요청했기 때문이다. 고종이 요청한 '보호'가 국제법적인 보호국화의 의미는 아니었지만, 적어도 러시아는 이를 한국에 대한 명백한 자국의 정치적 우위이자 기득권이라고 이해했다.

한러수교 이래 한국은 러시아에 여러 차례 '보호'를 요청해온 것이 사실이다. 국제법적으로 외교권 상실을 의미하는 '보호국'의 의미를 알지 못했던 고종은 위기마다 러시아에 '보호'를 요청함으로써 러시아로 하여금 한국이 자청해서 러시아의 보호국이 되기를 원하는 것처럼 생각하게 만들었다. 러시아는 전통적으로 한국에 대한 이해(利害)가 크지 않았다. 그렇다고 해서 한국이 다른 나라에 귀속 되는 것도 원하지 않았다. 이것이 한러조약 체결 이후 러일전쟁 때까지 이어진 러시아 대한(對韓) 정책의 근본적인 성격이다. 러시아는 러일전쟁에서 패한 뒤에도 끝까지 한국에 대한 일본의 '보호'권에 제동을 걸고자 했다.

〈그림 2〉
일본의 대한(對韓) 야욕과 러시아의 한국 '보호'?
러시아 엽서, 1904년 조르주 비고, Sepp Linhart, 67쪽

이 그림은 러시아에서 엽서로 발행된 것이지만, 본래 프랑스 조르주 비고의 1904년 작품이다. 여기에는 러일전쟁의 발발과 당시 동북아 네 나라의 역학 관계가 잘 나타나 있다. 총을 멘 일본군이 청국인의 변발을 잡아 끌며 한반도에서 진군하고 있다. 일본군의 군화에 짓밟힌 조선의 선비는 비명을 지르고 있다. 비고의 삽화에 등장하는 조선인은 갓을 쓴 선비의 외양과는 어울리지 않게, 검은 안경을 걸친 맹인의

그림 2

모습으로 자주 나타난다. 한국의 선비를 바깥 세상에 어두운 사람으로 풍자한 것이다. 반면 멀리서 총을 든 채 보초를 서며 이 광경을 바라보는 러시아 노병은 상황을 예의 주시하면서 이 사태에 개입할 방법을 모색하는 듯한 표정이다.

〈그림 3〉, 〈그림 4〉
한국에 대한 러·일의 야욕
조르주 비고, 1895/《讀賣新聞》, 2004. 5. 28/프랑스 엽서, Sepp Linhart, 77쪽

"누가 이 아이(한국)를 양육할까?" 조르주 비고의 작품에 나타난, 러일전쟁이 벌어지기 10년 전 동북아 국제 관계의 적나라한 모습이다. 한국은 갓 쓰고 두루마기를 갖추어 입은 전형적인 조선 말기 선비로 보이지만, 검은 안경을 낀 채 한낱 보행기에 의지해서 겨우 걸을 수밖에 없는 어린아이로 그려지고 있다. 어린아이의 손을 잡은 러시아 군인과 일본 군인의 얼굴은 상당히 긴장된 표정이다. 이들 뒤에서는 영국이 상황을 예의 주시하고 있다. 두번째 삽화에서는 일본군이 조선 여인을 회유하고 있다. 멀리서 러시아의 노장 군인이 이 모습을 지켜보고 있다.

일본은 1888년 이래 한국을 자국의 '이익선'(야마가타 아리토모)으로 여겼고, 한 걸음 더 나아가 자국의 '주권선'이자 '절대로 포기할 수 없는'(1903년 무린암 회의) 대상으로 생각했다. 시모노세키 강화조약 제1조를 통해 일본은 청국이 한국의 독립을 인정하도록 만들었다. 청·일이 함께 한국의 독립을 인정하는 것이 아니라, 청만이 한국의 독립을 인정하게 함으로써 한반도에서 누려온 기존의 청의 종주권을 거두어낸 것이다.

그러나 일본은 이후 더욱 강대한, 러시아라는 새로운 경쟁 상대를

그림 3

Which will have the rearing of the child ???

그림 4

한반도에서 만나게 된다. 그리하여 두 나라는 1895년에서 1898년 사이 세 차례에 걸친 협약을 통해 한국에 대한 자국의 권익을 추구했다.

우선 웨베르-고무라 협약(1896년 5월 14일)에서 러·일 두 나라는 공사관·전신선 등을 보호한다는 명분 아래 러시아도 일본과 같은 규모의 수비대를 파견할 권리를 규정했다. 로바노프-야마가타 협약(1896년 6월 9일)에서는 한반도를 남북으로 나누어 군대를 파견하는 논의까지 함으로써 한국을 러·일 양국의 공동보호령으로 만들고자 했다. 로젠-니시 협약(1898년 4월 25일)에서 러시아는 한국에서 일본의 상공업에 대한 우위를 인정했다. 이는 여순·대련을 조차한 러시아가 일본을 무마하기 위한 양보 조치였다. 일본은 이 정황을 이용하여 1898년 이후 한국에서 독점적 지위를 굳혀나갔다.

〈그림 5〉, 〈그림 6〉
러시아는 한국과 만주를 모두 양보할 수 없다?
독일 엽서, Sepp Linhart, 87쪽/프랑스 엽서, 같은 책, 79쪽

'러일전쟁'이라고 쓰여진 독일 엽서(〈그림 5〉)를 보면, 러시아 곰이 한반도까지 팔을 뻗치고 있다. 부채를 든 일본 여성과 배후의 영국 남성, 즉 영일동맹이 이를 저지하려는 태세이다. 곰의 꼬리 부분에는 프랑스라고 쓰여진 작은 모자가 달려 있다. 러시아의 배후에 있는 동맹국 프랑스가 드러내놓고 동맹국 러시아를 지원하지 못하는 속사정이 풍자되고 있다.

프랑스 엽서(〈그림 6〉)에서는 만주를 장악한 채 당당하게 서 있는 러시아의 거만한 태도가 드러나 있다. 러시아 군인은 총칼로 무장한 일본 군인을 내려다보며, "이 채찍 조심하라고, 이 꼬마 친구야"라고

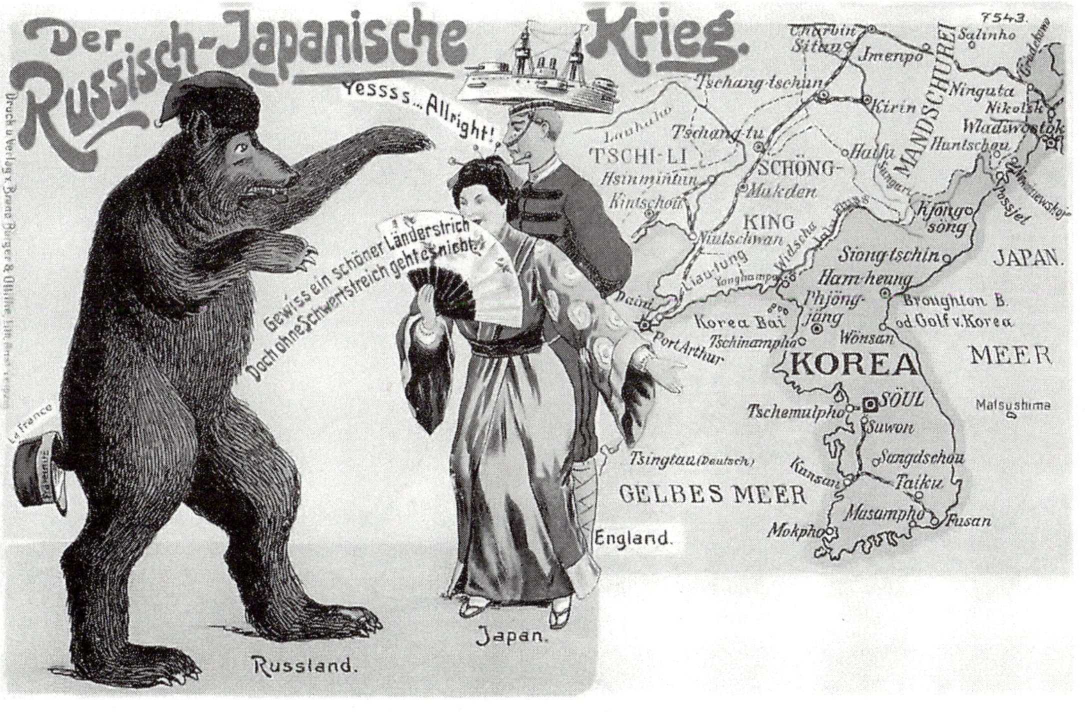
Der
Russisch-Japanische Krieg.
7543.
Yessss...Allright!
Gewiss ein schöner Länderstrich
Doch ohne Schwertstreich geht es nicht.
La France
Friedensruf
Russland.
Japan.
England.
Charbin
Sitau
Salinho
Imenpo
Gradislau
Tschang-tschun
Launhalu
Tschang-tu
Kirin
Ninguta
Nikolsk
Wladiwostok
TSCHI-LI
Hsinmintun
Haifu
Huntschou
MANDSCHUREI
Kintschou
Makden
SCHÖNG-
Tumgau
Possjet
KING
Niutschwan
Widschu
Kjöngo
song
Schanteuskoj
Liau-tung
Yonghampo
Siong-tschin
JAPAN.
Daou
Ham-heung
Broughton B.
Korea Bai
Phjöng-
jang
od.Golf v.Korea
Port Arthur
Tschinampho
Wönsan
Tsingtau (Deutsch)
KOREA
MEER
Tschemulpho
SÖUL
Matsushima
Suwon
Kunsan
Sangdschou
GELBES MEER
Taiku
Mokpho
Musampho
Fusan

PRENDS GARDE
AU FOUET,
PETIT !
MANDCHOURIE
PH. MULLER
C. L. C.

말하고 있다.

러일전쟁과 한국
프랑스 엽서, Sepp Linhart, 70쪽/Marshall Everett, 413쪽/Sepp Linhart, 84쪽

〈그림 7〉은 러일전쟁의 직접적인 원인이자 발단이 한국 문제에 있었을 뿐만 아니라, 한국이 러일전쟁의 최대 피해국임이 잘 드러내고 있다. 〈그림 8〉에서 러시아 황제는 갓 쓰고 도포 입은 한국 소년을 태우고 힘껏 말을 내달리고 있다. "이 아이는 가야만 해"라고 외치면서. 한국을 빼앗길 수 없다는 듯, 수많은 사나운 일본 개들이 컹컹 짖으며 마차를 따라가고 있다.

〈그림 9〉를 보면, 러시아와 일본이 '한국'이라는 우표를 서로 잡아당기는 바람에 결국 우표가 찢어지고 말았다.

일본은 한일의정서 강압(1904년 2월 23일)에 이어, 경의선 부설에 관한 한일협정 체결을 강요했다(1904년 3월 10일). 일주일 뒤에는 이토 히로부미가 특사 자격으로 한국에 도착했다. 모두가 한국을 병참기지화하는 것이 목적이었다. '한국에서 일본의 자유행동권(free hand)' 확보는 일본이 러시아에게 '절대로 물러설 수 없는', 포츠머스 강화회담의 첫번째 조건으로서 내부적으로 결정한 요구 사항이었다.[2] 결국 전쟁을 통해 일본은 한국을 보호국화하고, 이어 5년 뒤에는 한국을 병합했다.

그림 7

CONFLIT
RUSSO-JAPONAIS
AU BOUT DU COMPTE,
C'EST TOUJOURS LA CORÉE
QUI ÉCOPE.

CZAR—"The yellow-kid must go."

그림 9

〈그림 10〉
사과에 손대지 말고 나무에서 그만 내려오시지!
Duluch News Tribune, 1904

"나무에 달린 사과(만주와 한국)는 내 것이니까 손대지 말고 그만 내려오시지." 한국과 만주에 대한 러·일 두 나라의 인식 차이를 극명하게 보여주는 삽화이다.

당시 만평가는 이를 다음과 같이 설명하고 있다. 러시아는 일본이 추궁하기 전까지는 자국이 금지된 나무에 올라앉아 있다는 사실조차 전혀 의식하지 못하고 있었다. 나무에서 내려오라며 일본 농부가 총으로 위협하기 전까지도 자국의 행동에 대한 위험성을 진정 깨닫지 못했다는 것이다. 한국과 만주는 중국이라는 나무에 달린 한 알의 사과 정도로 표현되고 있다.

〈그림 11〉, 〈그림 12〉
만한 문제의 기원―삼국간섭과 러시아의 여순·대련 점령
Life, 1895/《ビゴ―素描コレクション 3―明治の事件》

〈그림 11〉은 청일전쟁으로 일본이 획득한 전리품의 일부(요동반도)를 내놓으라고 위협하는 러시아 강도의 모습이다. 권총을 든 비루한 차림의 노상 강도 러시아, 멀리 떨어져 있기는 하나 칼로 일본을 위협하는 독일, 맨 뒤에서 동맹국 러시아에게 마지못해 동조하는 프랑스의 모습이 보인다. 이것이 이른바 대일 삼국간섭(1895년 4월 23일)이다. 요동반도를 러시아에 빼앗긴 일본은 10년 뒤 러일전쟁에서 이를 되찾아 러시아에 설욕했다(1905년 1월 1일).

일본 정부는 삼국간섭의 여세를 몰아 한반에까지 영향력을 확대하는

FARMER JAPAN—"COME DOWN OUT OF THAT TREE!   THOSE APPLES BELONG TO ME!"

그림 11

그림 12

러시아에 맞서, 이를 타개하기 위해 조선의 민 왕후를 시해했다. 민 왕후 시해는 러·일이 한반도 지배를 둘러싸고 대립하게 된 상황에서 일본이 민 왕후라는 러시아와의 연결고리를 제거한 사건이었다. 민 왕후 시해는 개인 차원의 사건이 아니라, 전면전이 아닌 방법으로 러시아의 한국 침투를 차단하려고 한 일본 정부의 대러(對露) 선수조치였다. 청일전쟁 이후 한반도에서는 이처럼 '보이지 않는 러일전쟁의 서곡'이자 '총성 없는 러일전쟁'이 이미 시작되었다.[3]

〈그림 12〉는 1897년 12월 러시아가 여순·대련을 점령하고, 청국과 조차협정(1898년 3월)을 체결한 뒤 여순을 차지한 모습이다. 이로써 러시아는 명실상부한 부동항을 동아시아에서 처음으로 확보하게 되었다. 이를 바탕으로 러시아는 블라디보스투크와 여순에 자국의 태평양함대를 배치했다. 더욱이 러시아는 시베리아철도의 동청철도 남만주지선(하얼빈~여순·대련)의 종착지를 여순·대련과 연결할 수 있게 되었다. 이제 러시아는 머지않아 시베리아철도 완공으로 태평양 연안에 도달하게 될 뿐만 아니라, 자국 군함이 시베리아철도의 종착지들인 블라디보스토크와 여순 사이를 자유로이 왕래할 수 있게 되었다.

그런데 이는 대륙 진출을 꿈꾸어온 일본의 지도자들에게는 최악의 시나리오였다. 러시아의 시베리아철도가 완공되는 날이 곧 일본의 대륙 진출의 종언을 고하는 날이 된다는 위기의식이 그것이었다. 여순과 블라디보스토크로 한반도를 감싼 채 러시아가 대한해협을 자유 왕래한다는 것은, 한반도와 대한해협의 제해권까지 빼앗기는 것을 의미했기 때문이다. 러시아가 요동반도에 이어 한반도까지, 그리고 대한해협의 제해권까지 장악한다? 그런 점에서 일본에게 러시아와의 결전은 필연적인 설욕전이었다. 제국주의시대의 국제질서는 이처럼 자국의 이기적인 이해만을 노골화한 침략적 성격을 띠었다.

한국과 만주
Marshall Everett, 176쪽/프랑스 엽서, Sepp Linhart, 73쪽/독일 엽서, Sepp Linhart, 86쪽

〈그림 13〉은 거북이 러시아와 토끼 일본이 한국과 만주를 향해 달리기 시합을 하는 모습이다. 그림에서 토기는 잠을 자고 있다. 그러나 이 거북이는, 이솝 우화와는 달리, 토끼가 잠자고 있는 것이 아니라 잠자는 시늉만 하는 것이라고 믿고 있다.

〈그림 14〉는 일본이 한반도에서 우위에 있고, 러시아는 만주에서 우위에 있음을 묘사하고 있다. 만주를 차지하고 있는 러시아가 한반도에서 일본을 축출하기 위해 발길질을 하고 있다. 〈그림 15〉에서는 중국과 한국을 놓고 러·일의 두 소년이 싸우고 있다. 독일 엽서에서도 한국은 일본풍의 여성으로 묘사되고 있음을 알 수 있다.

〈그림 16〉, 〈그림 17〉
러일의 위협에 무력한 청국
Minneapolis Tribune, 1904, Marshall Everett, 292쪽/Sepp Linhart, 86쪽

〈그림 16〉을 보면, 몸집은 거대하나 무력하기만 한 청제국을 러시아와 일본이라는 두 대포가 겨누고 있다. 러시아는 만주를 위협하며, 일본은 한국을 위협하고 있다. 그 어느 쪽이든 간에 만주와 한국에 대한 위협은 곧 청국 전체에 대한 위협일 수밖에 없다. 아직까지는 만주를 상징하는 왼손이 러시아에게 완전히 유린된 상태가 아닌 듯하다. 반면 한국에서 기득권을 상징하는 청국인의 오른손은 일본의 신형 대포 앞에 이미 무력한 모습이다.

〈그림 17〉에서 그려진 청국과 만주는 나약한 소녀의 모습이다. 이를

RUSSIAN TORTOISE——"I WONDER IF HE IS ASLEEP."

그림 14

FOOTBALL ASIATIQUE.
MANDCHOURIE
CORÉE
JAPON

그림 15

Korea.
China
Japan.
Russland.

그림 16

그림 17

차지하기 위해 일본군과 러시아군이 서로 회유하고 있다.

<그림 18>
청국의 중립
Minneapolis Tribune, 1904, Marshall Everett, 295쪽

청국 역시 러일 사이에서 중립을 선언했으나, 만주가 주 전장터가 되어버린 마당에 중립이 제대로 지켜질 리 만무했다. 변발의 청국인은 피바다가 된 만주를 바라보지 않으려는 듯, 겁에 질린 채 눈을 가리고 있다.

<그림 19>, <그림 20>
러시아의 만주에 대한 야욕
Toledo Blado, 1904, Marshall Everett, 30쪽/미국 삽화, 1904, Marshall Everett, 319쪽

러시아에게 만주는 시베리아횡단철도를 모스크바에서 종착지 블라디보스토크까지 최단거리로 연결시키는 데 꼭 필요한 중요 지역이다. 그것은 북쪽 아무르 강을 따라 건설되는 철도보다 무려 2,000킬로미터 이상을 단축해주는 황금노선이었다. 이에 러시아는 시베리아철도의 만주 관통 구간을 일컫는 동청철도뿐만 아니라, 도중에 하얼빈에서 남만주로 내려와 여순·대련에 이르는 동청철도 남만주지선을 부설하고 있었다. 의화단사건으로 동청철도가 파괴되자, 러시아가 정규군을 파견하여 세 달 만에 만주를 점령한 것도 시베리아철도를 보호한다는 것이 그 구실이었다.

〈그림 19〉를 보면, 러시아 곰이 만주를 독차지하려 하자 일본이 반대

POOR OLD CHINA——"I SUPPOSE I MUST BE NEUTRAL."

RUSSIA---"WHAT MIGHT HATH JOINED TOGETHER, LET NO MAN PUT ASUNDER."

The bear that hugs like a man—only tighter.

하며 결사적으로 쫓아오고 있다. 〈그림 20〉에서도 러시아 곰이 만주를 강제로 껴안고 있고, 멀리서 일본군이 칼을 빼들고 달려오고 있다. 곰은 대단히 만족스러운 표정이지만, 정작 만주는 "곰이 남자처럼, 그것도 더 꽉 껴안으려 한다"며 밀쳐내고 있다.

러일전쟁의 주 전장터는 한반도가 아니라 만주였다. 그 이유는 양국의 전략적 이해 때문이었다. 일본은 러시아의 신속한 병력 수송이 이루어지기 전에 한반도와 남만주를 손에 넣고자 했다. 반면 러시아는 단선인 시베리아철도를 통한 자국의 느린 병력 수송을 감안해, 일본의 병참선을 늘려 시간을 벌기 위한 지구전을 목표로 했다. 그 결과 주 전쟁터가 된 만주는 그야말로 피바다를 이루었다.[4]

〈그림 21〉
'청국의 영토와 주권 존중을!'—뒤늦게 동아시아에 뛰어든 미국의 이상주의 외교 일성(一聲)
Cleveland Plain Dealer, 1904, Marshall Everett, 395쪽

동아시아의 각축장에 차려진 한 식탁이 아수라장이다. 한쪽에서는 러시아와 일본이 벌이는 육박전으로 의자가 나뒹굴고 있는데, 일본이 러시아의 수염을 낚아채는 것으로 보아 일본의 승기가 예상되는 상황임을 말해준다. 테이블보가 벗겨지는 아수라장 속에서도 열강은 오로지 식탁 위의 식기들(청국)이 깨질까봐 두려워 하고 있다. 영국과 미국은 식탁 위의 도자기들을 챙기며 청국을 보전하기 위해 열심인데, 독일은 제 몫을 챙기지 못하는 모습으로 그려지고 있다. 만찬장에도 들어오지 못한 허수아비 모습의 한국은 무기력한 방관자일 뿐이다.

그림 21

THE FAR EAST
GERMANY
CHINA
CHINA
J. BULL.
RUSSIA
CHINA
KOREA

미국의 문호개방정책과 러일전쟁에서의 '중립' 표방의 의미

Minneapolis Tribune, 1904, Marshall Everett, 289쪽/*Cleveland Plain Dealer*, 1904, Marshall Everett, 400쪽

1898년 미국-스페인 전쟁에서 승리한 미국은 그 결과의 하나로 필리핀을 점령하면서 동아시아에 주목하기 시작했다. 미국이 아시아에 눈을 돌릴 즈음, 청국은 이미 열강의 세력권으로 분할되어 있었다. 이때 미국이 주창한 것이 '문호개방정책'이었다. 문호개방정책이란 청국의 영토와 주권을 존중하고 청국에서 상업상의 기회균등을 보장하라는 것이다. 이것은 후발 제국주의 국가로서 미국이, 19세기 말 이미 선점 분할된 중국 시장에서 유럽 열강과 대등하게 상업상의 기회를 보장받으려 한 외교정책의 표현이었다.

미국의 문호개방정책이 '중국 전역'을 대상으로 했다면, 영국은 자국의 기득권역인 '양자강 유역을 제외한' 중국을 대상으로 했다는 점에서 차이가 있다.[5] 이처럼 '따로, 또는 같이' 이득을 챙겨나가는 영·미의 '우호 협력' 관계가 지역 정세에 어떤 영향을 주었는가 하는 문제는 오늘날에도 여전히 관심을 끌고 있다.

〈그림 22〉는 만주와 한국을 차지한 불법점유자(Land Grabber)의 손목을 엉클 샘이 '중립과 청국의 영토 보전(Neutrality and Integrity of China)'이라는 도끼로 내리치려 하고 있다. 〈그림 23〉은 러일전쟁기 중립을 표방하고 만주의 문호개방을 요구한 미국 동아시아정책의 본질이 기본적으로 상업적인 이해에 있음을 풍자하고 있다. 엉클 톰은 러·일 교전 당사국에 내다 팔 미국 상품으로 대포의 입구를 막아놓았다. 전쟁은 미국 상품을 팔 수 있는 호기이며, 이 같은 상업적 이해가 보장되는 한 미국은 '중립'이라는 명분 아래 동아시아의 전쟁에 개입하지 않겠다는 뜻을 표현한 것이다.

UNCLE SAM—"I'LL HAVE TO STOP THIS SOME WAY."

UNCLE SAM—"THIS IS MY IDEA OF WAR."

〈그림 24〉, 〈그림 25〉
만주의 문호는 열려 있다?
Harper's Weekly, 1903. 5/미국 삽화, Marshall Everett, 401쪽

러시아는 청과 맺은 만주철병조약에 따라 1차 철병을 이행했다(1902년 10월 8일). 그러나 6개월 뒤인 1903년 4월 8일에 이행해야 할 2차 철병 때는 철수는 고사하고 오히려 남만주 지역을 다시 점령하기 시작했다. 러시아는 2차 철병을 위한 사전 보장으로써 청국에 7개조안을 제시했으나(4월 18일), 열강, 특히 영국의 지원을 받은 청국은 이를 단호하게 거부했다(4월 22일).

대외적으로 러시아는 열강의 의구심을 잠재우기 위해 만주의 문호개방을 표방했다. 그러나 〈그림 24〉에서처럼 막상 만주의 문 앞에는 험상궂은 러시아 곰이 버티고 서 있다. 방문 인사는 제각기 만주에 눈독을 들이고 있는 일본·미국·영국이다. 일본 군인이 들고 있는 가방의 글자는 눈에 잘 띄지 않으나, 미국인의 가방에는 만주에서 미국의 이해가 상업적 이익 추구에 있음을, 그리고 영국인의 가방에는 그것이 전략적 이해에 있음을 밝히고 있다.

〈그림 25〉에서 엉클 샘은 '만주의 문호가 폐쇄되도록 놓아두지 않을 것'이라며 러시아 곰을 위협하고 있다. 그는 옥수수·면직물·철강제품·밀가루·면화 등 미국 상품을 잔뜩 들고 와서 만주 시장의 문을 열라고 독촉하고 있다. 만주의 문 앞을 막고 서 있는 러시아 곰은 총을 앞세워 만주의 문호개방이 불가하다며 손사래를 치고 있다.

실제로 이 즈음에 가시화한 러시아 황제의 정책은 "만주에서 러시아의 독점적 권리를 수호하고, 군비 증강을 통해 러시아의 강한 모습을 과시함으로써 일본과 전쟁을 피할 수 있다"[6]는 빗나간 팽창논리에 입각해 있었다. 이는 황제가, 만주는 물론 압록강 이권을 통해 한국에까지

그림 24

MANCHURIA
RUSSIA
U.S COMMERCIAL TRAVELLER
J. BULL
JAPAN

Uncle Sam will not have the door closed.

적극적으로 진출하려던 베조브라조프 일파의 모험주의 노선을 따른 결과였다. 철병에 대한 청국의 사전 보장 없이는 만주에서 이대로 물러설 수 없다는 것이 당시 러시아 정치가들의 정책 심리였다. 이는 상대적으로 유화적이던 이전의 비테 노선과 비교해볼 때, 황제가 직접 나서서 베조브라조프 파의 한·만 동시 진출을 고무한 것이다.

전쟁의 책임은 기본적으로 전쟁을 야기한 일본의 만·한 야욕에 있지만, 학계에서는 러시아의 만주 철병 불이행과 만주 재점령 그리고 한국에 대한 야욕 표출 등을 들어 '러시아 측 책임론'으로 해석하고 있다. 그러나 전쟁 100년이 지난 오늘날에도 러시아 학자들은 만주 재점령과 관련해 '러시아는 만주에서의 이해에 대한 보장 없이는 철수할 수 없었다'고 보고 있다. 뿐만 아니라 만주를 재점령한 것도 어디까지나 청국과 협상을 유리하게 전개하기 위해서였다는 논리를 펴고 있다.[7]

〈그림 26〉
러시아의 압록강 이권(Yalu Concession)
러시아 삽화, Yulia Mikhailova 소장

러시아는 1903년 4월에 만주를 재점령하고, 나아가 압록강의 용암포를 점령했다(4월 21일). 삽화에서 한국과 일본은 압록강의 삼림을 채벌하는 러시아 군인들의 모습을 우려의 눈으로 바라보고 있다. 구(舊)경비대 장교 출신인 베조브라조프는 1901년 한·만 국경 지대의 개척을 위한 '압록강회사'를 설립, 만주와 한국에서 광산과 삼림 개발을 맡아왔다. '압록강회사'는 코사크 인들을 벌목꾼으로 고용했고, 비적(匪賊)들을 소탕한다는 구실 아래 군대 파견을 요청했다.[8]

<그림 27>
어디 언제까지 그렇게 버틸 수 있는지 볼까?
Chicago Herald Tribune, 1904. 1. 6(www.indiana.edu/~jia1915/war/room3.html)

"반짝 반짝 작은 별 곰, 네가 얼마나 버티나 보자." 이 그림은 한반도를 앞에 둔 러시아와 일본의 대립을 풍자한 것이다. 일본군이 손에 칼을 쥔 채 커다란 러시아 곰에게 외치고 있다. "어디 한번 곰 재주를 부려보시지, 작은 별! 지금 무얼 하고 있는지 의심스러운데?"라고 약을 올리면서. 한반도를 절대 양보할 수 없다는 일본의 결의를 잘 드러내고 있다.

한국과 만주에 동시 진출한 러시아를 좌시할 수 없다는 일본의 확고한 개전 의지가 잘 나타나 있다. 삽화는 러일전쟁 발발의 최대 현안이 사실상 한국을 둘러싼 패권 경쟁에 있었음을 보여준다. 만주를 점령한 채 한반도 북부를 위협하는 러시아, 반대로 한반도까지 러시아가 차지한다면 어떻게 할지 우려하는 일본, 이들 두 나라의 지전략적(地戰略的) 힘겨루기가 잘 드러나 있다.

<그림 28>
개전외교의 결렬
미국 삽화, 1904, Marshall Everett, 298쪽

<그림 28>에서 러시아는 전쟁 발발에 대비하면서도, 최종적인 대일 교섭안을 내놓지 않은 채 전쟁 준비에 골몰하고 있다. 러시아의 '전쟁위원회'에 온갖 촉각을 기울이던 일본군은 러시아의 전쟁 준비가 착착 진행되고 있음을 감지하고 있다. 그림에서 보듯이, 이제 일본은 자국의 마지막 교섭안에 대한 러시아의 응답을 기다리고 있다. 벽 너머에서

KOREA
JAPAN

그림 28

들려오는 둔탁한 소리에 귀를 기울이며 일본인 장교는 혼잣말을 한다. "러시아인들이 사용하고 있는 이 타자기는 분명히 신형일 거야"라며. 이 장교는 전쟁을 확신하는 모습이다.

삽화의 설명에 따르면, 러시아는 일본의 최종 교섭안에 대한 대답을 미루고 있다. 또한 일본은 전쟁을 실행에 옮길 준비를 하고 있다. 군복과 장비를 제대로 갖춘 날렵한 한 일본인 장교의 모습과, 망치와 손으로 칼·대포를 제작하고 있는 낙후한 러시아인들. 군인이라고 하기엔 늙고 둔해 보이는 러시아인들의 모습이 대비된다. 양국 군대의 질과 양을 한눈에 보여주는 것이기도 하며, 치밀한 일본의 야전 준비에 견주어 러시아 '전쟁위원회'의 무기 제작은 짐짓 희희낙락한 분위기에서 이루어지고 있음을 풍자한 것이기도 하다.

일본은 이미 전쟁이 불가피하다는 내부 결정을 내린 뒤에 '전쟁을 피하기 위해' 러시아와 교섭안을 주고받았다. 즉, 교섭은 전쟁을 위한 명분 쌓기에 불과하다는 의미가 담겨 있는 것이다. 전쟁 이전 두 나라의 교섭을 개전외교(war diplomacy)라고 부르는 것도 이 때문이다. 개전 직전까지의 교섭 과정을 보면, 두 나라 사이에 만주와 한국을 둘러싼 전쟁은 이미 피할 수 없었던 것처럼 보인다.

〈그림 29〉
오늘도 제게 온 편지가 없나요?
Toledo Blade, 1904, Marshall Everett, 27쪽

일본은 러시아의 답신을 기다리고 있다. 기모노를 입은 여성이 집 앞을 그냥 지나치는 국제우편배달부에게 묻고 있다. "우체부 아저씨, 오늘도 제게 온 우편물이 없어요? 미스터 러시아는 답장 쓰는 걸 싫어

JAPAN——"What! NO NOTE TODAY? MY GOODNESS, BUT THAT MAN RUSSIA DOES HATE TO ANSWER LETTERS!"

하나 봐!" 사실상 당시 러시아의 동아시아정책 결정 과정은 일본과 교섭이 시작되기 전보다 더 많은 시간을 요했다. 러시아의 답신을 기다리지 못하는 일본의 이 같은 조급함이 머지않아 곧바로 결정적인 행동, 즉 개전으로 옮겨졌음을 세계가 알게 되었다고 삽화는 설명하고 있다.

러시아는 "향후 일본과 교섭을 포함해 동아시아 문제를 총괄할 모든 업무를 동아시아총독부가 관장한다"는 차르의 칙령이 반포된 1903년 8월 12일에 일본으로부터 첫 교섭안을 제의받았다. 청국과 한국의 영토 보전, 한국에서 일본의 우위, 만주에서 상공업상의 기회균등 및 만주에서 러시아의 철도 권익을 철도에 한정시킨다는 등이 그 내용이었다.[9] 다시 말해서, 일본 측의 협상 목표는 한국에서 일본의 절대적 우위와 만주에서 러시아의 부분적 우위를 실현시키기 위한 초강경 제안을 관철시키는 데 있었다.

러시아와 교섭에 임하기 전부터 일본의 태도는 이미 확고했다. 일본은 러시아가 만주에서 2차 철병을 이행하지 않은 데 대한 1903년 4월 21일의 긴급대책회의(야마가타의 교토 별장에서 열렸다 하여 일명 무린암 회의라고 함)에서 "어떠한 경우에도 한국을 절대 양보할 수 없다"는 전제 위에 "개전도 불사하고" 러시아와 담판을 개시한다고 합의했다. 이어 육군 참모부가 러시아에 대한 개전 방침을 확정했으며(6월 17일), 어전회의에서 궁극적으로 한국에 대한 일본의 완전 장악을 관철하고 러시아의 만주 장악을 저지한다는 고무라 외상의 강력한 대러시아 교섭 원칙을 승인했다(6월 23일).[10]

반면 일본과 교섭에 임하는 러시아의 태도는, 만주에서는 끝까지 절대적 우위를 고수하고, 한국에서는 자국의 정치적·전략적 우위를 포기하지 않겠다는 것이었다. 러시아가 한·만 문제로 일본과 직접 교섭에 들어가게 된 것은 '1년 이내의 철수'를 골자로 한 최종적인 대청국 '5개

116 •

조안'(1903년 9월 6일)이 일본의 압력을 받은 청으로 말미암아 거부된 뒤부터였다. 그러나 러시아는 대일 교섭안에서 만주에 대해서는 정작 한마디도 언급하지 않았다. 러시아는 끝까지 한국의 독립과 영토 보전, 대한해협 항행의 자유, 한국 남부 해안의 비요새화, 한반도 북위 39도 이북의 중립지대화를 고집했다.[11] 여기서 러시아가 말하는 '한국의 독립' 보장이란 진정한 의미의 독립이 아니라, 일본의 완전한 한국 장악을 저지함으로써 한국을 전적으로 포기하지 않겠다는 의미였다.[12]

<그림 30>
"한국은 나한테 양보해야지", "천만에, 그럴 수는 없지"
Detroit Evening News, 1904, Marshall Everett, 390쪽

러·일 교섭의 최대 쟁점은 결국 한국 문제, 특히 한국에서 중립지대 설정 문제로 압축되었다. 10월 3일에 러시아는, 만주를 러시아의 세력권으로 하고 한국을 일본의 세력권으로 하면서도, 북위 39도 이북의 한국 영토를 중립지대화하자는 교섭안을 제의했다.[13]

이와 달리 일본은 10월 30일, 한·만 국경을 경계로 한 양측 50킬로미터의 중립지대 설정으로 맞섰다.[14] 12월 11일 일본에 마지막으로 전달된 러시아 측의 교섭초안도 '북위 39도 이북 지역의 중립지대화'를 포함함에 따라 이전의 제의와 별반 달라진 것이 없었다.[15] 그리고 12월 21일 일본의 마지막 제의에 대한 러시아의 1월 6일자 응답은 한국에 관한 원안을 바꿀 의사가 없다는 것이었다.[16]

그림에서 러시아 곰은 한국과 만주를 모두 손안에 장악하고 있다. 몸에 견주어 지나치게 긴 칼을 들고 있는 일본 군인은 "적어도 한국은 내게 줘야지"라며 러시아를 채근하고 있다. 러시아 곰은 "절대로 그럴

JAPAN—"AT LEAST YOU'LL LEAVE KOREA FOR ME."   RUSSIA—"G'WAN! THERE AINT GOING TO BE ANY KORE(A)!"

수는 없지"라며 험상궂은 표정을 짓고 있다. 그림에서 보듯이, 둘 사이에 교섭안은 오갔으나 결국 한국 문제 때문에 러시아와 일본의 교섭은 결렬되었다.

〈그림 31〉~〈그림 34〉

러시아의 답신을 기다리며

《東京日日新聞》, 1904. 1. 1/1. 10/1. 11/1. 13

일본의 《동경일일신문(東京日日新聞)》은 러시아의 대일 답신을 기다리며 교섭과 관련한 삽화를 연속 게재했다. 공교롭게도 이 시기에 신문은 한국 문제에 관한 삽화를 집중적으로 싣고 있다. 러일전쟁이 한국과 만주 문제로 야기된 것은 분명하나, 특히 직접적인 전단(戰端)은 한국 문제에 있었음을 의미하는 것이다. 그리고 무엇보다도 "러시아가 한국 문제에서 손을 떼도록 하는 것은 일본에게는 사활이 걸린 중대한 문제"였기 때문이다.[17]

1월 1일자 삽화(〈그림 31〉)에서는 일본과 한반도에 각각 한 발씩 걸치고 서서 곧바로 칼을 빼들 자세를 취하고 있는 일본 군인의 모습이 보인다. 결연한 전쟁 의지를 드러내는 것이다. 앞에는 만주를 장악한 러시아 곰이 버티고 서 있다.

1월 10일자 삽화(〈그림 32〉)에서는 호랑이에 올라탄 일본군이 러시아 각료의 이마에 죽창을 들이대며 위협하는 모습을 볼 수 있다. 혼비백산하며 뒷걸음질치는 러시아. 일본군이 올라탄 호랑이가 한국을 상징함은 한국인이라면 누구나 직감할 수 있다.

1월 11일자 삽화(〈그림 33〉)에서는 러시아와 일본 스모선수의 경기가 곧 시작될 것임을 보여주고 있다. 러일전쟁이 임박한 것이다. 스모 경기

그림 31

그림 32

그림 33

그림 34

장은 한국인 얼굴을 한 탈들로 둘러싸여 있다. 경기장 안에는 미국인 심판이 서 있고, 경기장 바깥에는 영국·독일·프랑스가 경기를 관전하고 있다. 단순한 풍자화이지만, 여기에도 러일전쟁의 국제 관계가 표현되어 있다. 일본 선수 뒤에는 영국인이 파이프를 물고 여유롭게 지켜보고 있으며, 반면 러시아 선수 뒤에는 프랑스 군인이 초조한 듯 상황을 지켜보고 있다. 영일동맹과 러불동맹의 대립이 그것이다.

1월 13일자 삽화(〈그림 34〉)는 태극기로 상징되는 한반도에서 전쟁이 임박했음을 묘사하고 있다.

러일전쟁의 궁극적인 원인인 한국과 만주 문제에 대해서는 100년이 지난 오늘날까지도 논란이 이어지고 있다. 러시아가 만주에서 철병하지 않았기 때문인가? 러시아가 한국의 용암포를 점령한 것이 일본이 전쟁을 결심한 결정적 계기가 되었는가? 러·일의 교섭은 왜 결렬되었는가? 당시 한국과 만주는 어떤 불가분의 관계에 있었는가? 시베리아횡단철도를 청국 땅인 북만주를 관통해 건설하고 있던 러시아가 1902년 4월 8일의 만주철병협정에 따라 단계적으로 만주 철병을 할 수밖에 없었던 국제 정황에서, 러시아 각료들의 참담한 심정은 그들의 문서에 절절하게 녹아 있다. "대가 없이는 철병할 수 없다"라고.

러일전쟁 100년을 돌아보는 2005년 국제 심포지엄 토론장에서도 러시아와 일본 학자들의 시각 차이는 여전한 듯했다. 러시아 학자들은 러시아의 만주 점령과 철병 불이행이 전쟁의 원인이 될 수 없다는 주장을 되풀이했다. 이와 달리 일본 학자들은 여전히 러시아의 만주 철병 불이행이 러·일 교섭의 가장 큰 장애였다는 주장을 내세웠다. 100년이 지난 지금까지 신애국주의와 네오슬라비즘의 모습으로, 우경화하는 두 나라의 자화상이 여전히 대립하고 있는 듯하다.

3. 황화(黃禍)와 백화(白禍)

　러시아가 대(對)일본 전쟁에서 승리를 낙관한 것은 그 자체가 차르 전제정의 중첩된 위기와 모순을 한꺼번에 드러낸 것이었다. 동시에 그것은 동양인이 백인에게 주는 위협이라는 '황화(Yellow Peril)' 의식, 즉 황인종 억압주의의 반영이었다. 혁명의 위기와 노동자의 소요 등으로 벼랑 끝에 내몰린 러시아 전제정은 국내의 산적한 문제에 대한 불만의 배출구로서 '승리에 빛날 작은 전쟁'을 원했다.

　그러나 '승리에 빛날 작은 전쟁'은 러시아 지배 엘리트들의 예상과는 달리 러시아의 체제를 유지시켜주지 못하고, 오히려 전제정을 큰 위험에 빠뜨렸다. '작은 전쟁론'과 황화의식이야말로 19세기 말에서 20세기 초까지 러시아의 자기 인식을 드러내는 가장 좋은 본보기이다. 러일전쟁을 바라보는 시각에는 이처럼 러시아를 포함한 유럽인들의 편견, 즉 황색인종에 대한 백인의 오랜 우월적·인종주의적 편견이 담겨 있었다.

　반면 청일전쟁에 승리하고도 러시아·프랑스·독일로 말미암아 '삼국간섭'으로 전리품을 토해내야만 했던 일본은 백화(White Peril)론으로 러시아에 맞서고자 했다. 일본은 '백인종에 대항하는 황인종의 성전'으로 맞서며, 러일전쟁을 '서구의 식민 지배에 저항하는 아시아인의 해방전쟁'으로 합리화했다. 그리고 '일본의 조국 땅에서 전개된 것도, 러시아 땅에서 전개된 것도 아닌 러일전쟁을',[1] 일본은 '조국방위전쟁'으로 정당화했다.

한편 러일전쟁 발발 직전에 한국의 《황성신문》 역시 교묘한 황인종 단결론에 빠져 있었다. 1903년 10월 24일자 사설을 보면, "일본이 러시아와 싸우는 것은 일본 자신의 이익을 달성하는 것일 뿐 아니라, 동양 전체의 이익을 달성하는 것이므로 우리 황인종은 일본의 개전을 바란다"고 쓰고 있다.[2] 국제정세에 어두울 수밖에 없었던, 전근대 한국사회 지식인들의 역사 인식의 한계였다.

〈그림 1〉, 〈그림 2〉
백인과 황인
Le Petit Parisien, 1904. 4. 3/프랑스엽서, Sepp Linhart, 56쪽

전쟁이 발발한 지 두 달 가까이 된 1904년 4월 3일, '백인과 황인'이라는 제목의 이 프랑스 삽화는 은연중에 러시아의 승리를 장담하고 있다. 여유 있게 뒷짐을 진 거구의 백인과 왜소한 '황색 난장이'의 경기는 누가 봐도 상대가 되지 않는 대결이다. 프랑스는 러일전쟁을 체급이 다른 레슬러의 게임으로 묘사함으로써, 당연히 동맹국 러시아가 승리할 것이라는 낙관론과 백인종의 우월주의를 가감 없이 드러냈다.

〈그림 2〉에서도 두 나라의 대결이 묘사되고 있는데, 두 다리에 만주와 한국이라고 쓴 러시아 백곰과 황색 가운을 걸친 일본의 텐노가 씨름을 하고 있다. 그들의 외양을 통해 황인과 백인의 대결에서 백인의

그림 1

CHAMPION EUROPE
CHAMPION D'ASIE
EMPIRE CHINOIS
TURKSIE
CORÉE
JAPON
DOMARI

그림 2

승리를 장담하는 프랑스의 시각을 읽을 수 있다. 열강은 경기장 안에 들어와 있지만, 팔짱을 낀 채 방관자의 모습을 하고 있다.

프랑스는 1894년 러시아와 군사동맹을 맺은 이래 자국의 숙적인 독일을 유럽에서 견제해줄 수 있기를 기대했다. 프랑스는 자국의 소액 투자자들과 기업을 통해 이미 막대한 금융자본이 투입된 러시아가 일본과의 전쟁에서 패하길 원하지 않았다. 러일전쟁에서 외교적으로나 전략적으로 러시아 편에 설 수밖에 없었던 프랑스의 속사정이 여기에 있다. 이 삽화가 나올 당시 프랑스는 전쟁에서 러시아가 당연히 이길 것이라 여겼으며, 동아시아에서 벌어지는 전쟁에 연루되지 않기 위해 영국과의 '진정한 우호', 즉 영불협상의 체결(4월 8일)을 며칠 앞두고 있는 상황이었다.

〈그림 1〉에서 '백인과 황인'이 발을 딛고 서 있는 지역은 당시 러시아와 일본의 세력권을 잘 보여주고 있다. 만주를 딛고 있는 거인의 오른발은 러시아가 1900년 말 이래 만주를 점령하고 있는 상황을 나타낸다. 거인의 왼발 끝은 한반도의 의주에 정확하게 닿아 있다. 러시아로서는 전쟁 속에서도 점령한 만주를 포기할 수 없을 뿐만 아니라, 만주를 보호하는 방벽으로서 한국에 대한 정치적·전략적 이해도 포기할 수 없었음을 이 그림은 상징적으로 보여주고 있다. 러일전쟁에 임하는 러시아의 호기에 찬 자세가 잘 드러나 있다.

점잖은 신사와 귀부인으로 상징되는 서구 열강은 러일전쟁의 주 전쟁터인 만주와 한국이라는 경기장에서 주의 깊게 경기를 관전하고 있다. 청국인은 비록 정식으로 경기장 안에 입장하지도 못했지만, 안에서 벌어지는 전황을 주시하고 있다. 청일전쟁에서 패함으로써 이미 '종이호랑이'로 전락한 청제국이지만, 청국인의 모습과 자태에서는 제국주의 열강의 세력 관계를 주시하며 자국의 생존을 모색하는 절박감이 드러난다.

러시아는 1903년에 바이칼 호수 구간을 제외하고는 시베리아철도를 완공한 상태였고, 하얼빈에서 다시 요동반도의 끝인 여순까지 연결하는 동청철도 남만주지선도 완공한 상태였다. 러시아는 나아가 이 남만주지선을 한국의 의주까지 연결시키고자 노력했다. 만일 이것이 실현된다면 동맹국 프랑스가 확보한 경의철도(서울~의주)와 연결시킬 수 있게 되므로, 모스크바에서 서울까지 자국의 철도로 도달할 수 있으리라 기대했다. 프랑스도 철도의 궤폭을 러시아식 광궤로 한다는 조건으로 경의선 부설권을 한국으로부터 확보했다. 프랑스 측은 처음부터 경의철도를 러시아에 되팔 것을 염두에 두고 부설권을 확보했던 것이다.[3]

러시아는 중국에서도, 한구(漢口)에서 북경까지 철도를 부설하고 있던 프랑스의 철도와 남만주지선의 연결을 꿈꾸었다. 러시아가 만주를 점령한 뒤 청과 협상을 통해 만리장성 이남까지 철도를 부설하려고 혈안이 되었던 것도 이 때문이었다. 두 나라의 계획은 러불동맹의 철도망을 통한 중국과 한국의 포위뿐만 아니라, 나아가 시베리아철도를 통해 모스크바에서 청국과 한국의 수도까지 단번에 도달하겠다는 야욕을 드러낸, 실로 원대한 것이었다.[4]

반면 일본의 발 한쪽은 이미 한반도의 심장부인 서울까지 뻗어 있다. 이는 일본이 청일전쟁 이후 한국에서 경제적 우위를 점하고 있었음을 상징한다. 일본은 러일전쟁 중에 경부철도를 개통했고, 프랑스가 착공하지 못한 경의철도 부설권까지 확보함으로써 러시아의 만·한 정책과 충돌했다.

그러므로 '백인과 황인'의 발끝은 러일전쟁이 만주와 한국에서 세력권과 정치 그리고 군사전략적 우위를 두고 벌이는 패권 다툼임을 한눈에 보여준다. 백인과 황인의 발끝이 시사하고 있는 바를 철도 제국주의와 연결시켜보면, 러일전쟁은 한마디로 만주와 한국에서 각각 광궤(1,520밀리미터)와 표준궤(1,435밀리미터) 부설을 통해 자국의 열차만 달릴 수 있게 함으로써 다른 국가의 침투를 막으려던 '철도 궤폭을 둘러싼' 싸움이었다.[5]

러일전쟁은 본질적으로 봉건적·군사적 제국주의 국가들 사이의 충돌이었다. 동시에 세력권과 철도 그리고 치열한 외교전이라는 측면에서 19세기 말~20세기 초 서구 열강의 신제국주의(new imperialism)[6]의 성격을 모두 지닌 제국주의 전쟁의 전형이었다.

〈그림 3〉~〈그림 5〉
승리에 빛날 작은 전쟁(a splendid little war)
Yulia Mikhailova 소장/러시아 엽서, Sepp Linhart, 66쪽/프랑스 엽서, Sepp Linhart, 70쪽

19세기 내내 '유럽의 경찰'을 상징하던 러시아 코사크 기병이 일본인 장교의 볼기를 치는 모습(〈그림 3〉)은 1904년 이전부터 '작은 전쟁'을 희구하던 러시아에서 유행하던 것이었다. 그리고 이러한 정서는 전승을 독려하는 군가의 가사에 그대로 반영되었다. 〈그림 4〉는 '코사크인의 아침 식사'라는 제목이 붙은 러시아 엽서이다. 거구의 러시아인이 일장기를 든 소인 일본을 가볍게 들어올리며 승리를 장담하는 모습이다. 프랑스의 엽서에 삽입된 〈그림 5〉에서도 러시아 니콜라이 황제가 일본의 텐노를 가볍게 들어올리며 승전할 것이라는 자신감에 차 있다. 국제 챔피언 경기에서 러시아 황제는 북방의 장사 헤라클레스로, 일본의 텐노는 무뢰한(아파치)으로 소개되고 있다. 그들이 밟고 서 있는 곳은 바로 '코레'라고 써 있는 한반도이다.

개전 이전 러시아 군부 일각에서는 일본군을 '유럽의 가장 약한 군대

그림 3

그림 5

보다도 100년이나 뒤떨어진 장난감 부대'라고 턱없이 과소평가했다. 심지어 쿠로파트킨 육군상은 전쟁 직전에 수 개월 동안 일본을 시찰하며 체류하고 돌아온 뒤에도 러시아의 승리를 장담한다고 보고해 니콜라이 황제의 판단을 더욱 흐리게 했다. 심지어 전쟁 직전까지도 "전쟁은 없을 것이다. 왜냐하면 내가 원치 않기 때문"[7]이라며 심각한 위기의식 부재를 드러낸 차르의 발언은 전쟁 상황으로 미끄러져 들어간 러시아 측의 판단 오류와 오만함을 잘 보여준다. 그리고 이 같은 러시아 전제정의 모순과 황제의 정책 결정 오류의 밑바탕에는 러시아의 우월의식과 인종적 편견이 깔려 있었다.

〈그림 6〉
유럽 문명으로 거듭나야……
러시아 삽화, Yulia Mikhailova 소장

러시아 여성이 일본이라는 이름의 강아지를 목욕시키는 중이다. 일본이 유럽 문명의 세례를 받아야 한다는 인종과 문명의 우월주의가 드러나 있다.

〈그림 7〉~〈그림 11〉
일본의 승전과 러·일 양국의 상호 이미지 변화
《시사만화》 2편(명치편, 복각판), 문화도서, 2001/1904. 11. 17 런던에서 발행된 엽서, Sepp Linhart, 60쪽

총 6컷으로 이루어진 만화(〈그림 7〉)는 러일전쟁기 일본의 승전 과정과 러시아의 태도 변화를 풍자한 것이다. 첫번째 그림에서 러시아 장교의 모습은 노회하고 위엄 있어 보인다. 그러나 마지막 그림에서는 일본

我國の強硬と露國の態度

그림 8

①
Bon souvenir.
11 Juillet 1904
(Mr Bear) "Go away I don't want to wrestle I'm not in training

⑤
à Jeudi
11 Juillet 1904
Sinclair
(Mr Bear) "I don't like this sort of thing, from such a Youngster"

⑥
11 Juillet 1904
Sinclair
(Jap) "Your size and weight don't count in my
style of wrestling"

군의 위용에 눌린 러시아군이 마치 태양 앞의 이슬처럼 녹아버려 한낱 조련해야 할 동물로 전락해버린 듯이 표현되었다.

<그림 8>에서도 러시아의 일본인관이 크게 바뀌었음을 알 수 있다. 전쟁 초기에 러시아군은 일본을 작고 하찮은 원숭이로만 바라보았다. 하지만 곧 군복을 입은 원숭이와 대적하며 흠짓 놀라고 만다. 그 다음 그림에서 두 나라의 이미지는 완전히 역전되었다. 수세에 몰린 러시아 군인은 일본군 앞에서 점차 곰의 모습을 드러내기 시작한다. 마침내 작고 초라한 곰의 행색을 드러낸 러시아는 칼자루를 쥔 빛나는 승리의 여신으로서 일본을 바라보는 신세가 되었다.

1904년 런던에서 사용된 것으로 알려진 <그림 9>~<그림 11>에도 이미 바뀌어가는 러·일 두 나라의 이미지가 잘 나타나 있다. 이들 그림은 거구의 곰 러시아가 소년과 씨름을 하지만 어이없게도 패하고 난 뒤 소년의 힘에 놀라는 모습을 잘 풍자하고 있다.

그림에 나온 대사를 옮겨보자. 설명 (2)~(4)의 그림은 생략하였다.

(1) 러시아 곰 : 저리 가! 나는 너하고 붙을 생각이 없어. 내가 훈련 연습 용이니?

(2) 일본 소년 : 그럼, 어디 한번 해봐. 서두르지는 말고.

(3) 바닥에 내동댕이쳐진 러시아 곰 : 오, 말도 안돼. 너 꽤 빠른데.

(4) 러시아 곰을 판정패시킨 일본 소년 : 미스터 베어, 훈련 좀 더 받으셔 야겠는데.

(5) 또다시 바닥에 내동댕이쳐진 러시아 곰 : 난 어린애한테 훈련받고 싶지는 않아.

(6) 일본 소년이 무안해 하는 러시아 곰에게 : 체급은 나보다 높을지 모르 지만, 나하고 싸운다 해도 상대가 안 되겠어.

〈그림 12〉
태양 앞의 이슬(?)
Der Floh, 1904. 9. 25

일본의 여순 총공격이 1904년 8월 19일부터 전개되는 가운데, 오스트리아 언론에서는 이미 일본의 승리를 예상하는 풍자화가 등장했다. 한자어로 러시아가 '이슬[露]'이고, 일본은 태양[日]임을 들어 이렇게 패러디한 것이다. 위용이 넘치는 러시아의 동장군도 태양 앞에서는 점차 무기력해져, 결국 이슬이 녹아 없어지듯 자취도 없이 사라지고 말 것이라는 내용이다. 반면 일본이라는 태양은 점차 욱일승천의 기세로 나타나고 있다.

〈그림 13〉, 〈그림 14〉
일본 소년병, 러시아 원숭이에게 교훈을……
《東京パック》, 1905. 5. 10/Sepp Linhart, 63쪽

원숭이는 일본 민화에 자주 등장하는 동물로 일본인들에게는 친근한 이미지의 동물이다. 그런데 일본의 최종 승리가 임박한 시점에서 언론에 등장한 한 만화에는 일본 소년병이 러시아 원숭이를 훈련시키고 있다. 일본이 서양을 제압했을 뿐만 아니라, 그들을 길들일 수 있다는 자신감을 표현한 것이다.

〈그림 14〉의 영국 삽화에서도 일본 조련사가 거구의 러시아 곰에게 재주를 가르치는 장면을 볼 수 있다. 일본의 승전으로 역전된 두 나라의 위상이 잘 드러나 있다.

Hurrah, er lebt! Der Schneesoldat:
Ein Schutz und Trutz dem Zaren-Staat!
Er tropft, doch weicht nicht von der Stell',
Ob ihm gleich schmort sein dickes Fell.
Er wird „ganz klein", die Sonne siegt;
Er schmilzt zusammen — unterliegt.
Er steht und glänzt im Glorienschein;
Die Sonne macht ihm bitt're Pein.
Schon leckt es ihm von Arm und Bein;
Schon schwitzt er Blut, schon schrumpft er ein.
„Das Leben für den Zaren!" Weh! —
Nun liegt im Dreck der Mann von Schnee.

그림 13

MAKING HIM DANCE.
Dudley Hardy.

<그림 15>
대일본의 스모선수
《東京パック》, 1905. 10. 15

거구의 일본 스모선수는 왜소한 체구의 러시아 스모선수와 비교가 되지 않는다. 승전국 일본 스모선수는 이제 러시아는 상대가 되지 않는 다는 듯한 거만한 시선을 띠고 있다. 반면 러시아 스모선수는 겨루어보 기도 전에 항복할 것 같은 나약한 표정이다.

<그림 16>, <그림 17>
황화(黃禍)와 백화(白禍)의 대립?
《東京パック》, 1905. 10. 15/프랑스 엽서, Sepp Linhart, 80쪽

승전 뒤에 일본 언론은 러일전쟁을 '황화'와 '백화'의 대립으로 본 카이저의 황화론을 풍자했다. <그림 16>을 보면, 카이저가 먹구름 속에 있는 황룡과 백룡이 유럽의 평화를 위협하는 모습을 화폭에 담고 있다. 즉, 황화와 백화의 대립이 유럽에서 독일의 고립을 더욱 심화시켜, 결국 제1차 세계대전의 전운을 드리우고 있음을 묘사한 것이다.

<그림 17>은 일본이 자국 위에 서 있는 서구 열강을 '백화'로 받아들 이고 있다고 풍자하고 있다. 삽화의 설명에 따르면, "북쪽으로는 러시 아가, 서쪽으로는 프랑스가, 미국은 동쪽에서…… '백화'에 맞설 때이 다"라고 일본이 외치고 있다는 것이다.

청일전쟁에서 일본이 승리한 뒤 독일 황제 빌헬름 2세는 처음으로 황색인종의 위협론을 제기했다. 빌헬름 2세는 자신이 직접 '황화'를 경계해야 한다는 밑그림을 그려 궁정화가에게 줄 정도로 '황화'론의 선봉장이었다. 카이저에 따르면, 독일의 수호천사 미하엘의 영도 아래

TOKYO PUCK
亞西魯
大 日 本
NO MATCH TO ME.

GÉNÉRAL TÉRAOUTCHI
CÔTÉ JAPON
JAPON
ROSTRO 2004
RUSSIE AU NORD! FRANCE A L'OUEST AMÉRIQUE A L'EST
DES BLANCS PAS TROP N'EN FAUT! IL SERAIT TEMPS DE NOUS
DÉFNDRE CONTRE LE PÉRIL BLANC!!!!!

그를 따르는 유럽 열강은 손에 각각 칼을 지닌 채, 바다 건너편의 용과 부처로 묘사된 아시아를 타도해야 한다는 것이었다. 당시 유럽인들에게 아시아는 용과 부처로 상징되었는데, 카이저 자신의 표현에 따르면 이는 청일전쟁에서 승리한 일본을 가리킨다.

카이저는 1908년 8월 29일 《뉴욕 타임즈(The New York Times)》와 가진 회견에서 자신의 황화의식을 여지없이 드러내며, 동시에 그 배후에 있는 영국을 맹비난했다. 그에 따르면, 종국적으로는 중국이 위협적이나 중국은 일본에 조종되고 있으며, 일본의 배후에는 그 동맹국 영국이 있다는 것이다.

"우리에 대한 위협은 일본이 아니다. 일본은 아시아의 선두에 있다. 일본에 조종되고 있는 중국은 백인 문명에 대해 대단히 적대적이다. 이는 우리 세계를 위협하는 최악의 재난이 될 것이다.…… 그러므로 일본이 중국을 삼키지 못하도록 막는 것이 백인의 '특별한 의무(special duty)'이다.…… 그런 점에서 영국은 백인의 대의(大義)를 저버린 배신자이다."[8]

반면 러일전쟁기 영국 신문들은 카이저의 황화론을 비난했다. 영국 여론은 전쟁 기간 동안 일본 편에 서 있었다. 1904년 5월 12일자 《타임즈(The Times)》에 따르면, 영국인들은 오히려 일본이 '자신들의' 전통적인 적국인 러시아와 전쟁을 해주고 있다고 믿었다.[9] 그러나 일본이 유럽 국가와 벌인 싸움에서 승리하자 영국 언론의 시선은 일본에 대한 견제로 점차 바뀌게 된다. 일본이 만주를 독식하는 데 대한 불만으로 야기된 영국·미국의 일본 견제가 그것이다. 그리고 이는 결국 영일동맹, 일본의 한국 병합, 러일전쟁 이후 미·일 관계에 근본적인 변화를 가져왔다.

4. 개전과 전황

    5개월 여에 걸친 개전외교의 과정을 보면 러·일 두 나라는 내내 평행선을 달리고 있었다. 전쟁이 촉발될지도 모르는 긴박한 상황에서도 러시아 외무성에 전달된 일본의 교섭안은 여순·도쿄·상트페테르부르크 사이를 오가며 차르의 결재를 받고서야 주일 러시아공사 로젠을 통해 회신되었다. 러시아의 람스도르프 외상은 전쟁 발발 하루 전날에도 사견임을 전제로, 만주에 대해서는 아무런 언급도 하지 않은 채, 다만 한국의 독립과 영토 보전, 대한해협 항행의 자유와 한국 남부 해안의 비요새화, 중립지대 설정의 필요성을 주장했다.[1] 러·일의 교섭은 만주 문제는 차치하고라도 한국 문제에 대한 이견으로 말미암아 실패할 수밖에 없었다.

러·일 교섭이 결렬됨으로써 외교 교섭을 통해 전쟁을 막아보려던 양측의 시도는 실패로 돌아갔다. 이제는 전쟁이다. 전쟁의 발발 책임은 누구랄 것도 없이 두 나라 모두에게 있음을 일깨우는 풍자화이다. 흥미로운 것은 화산 밑에서 두 나라의 개전외교 결렬을 지켜보고 있는 미국·영국·프랑스·독일의 모습이다. 두 나라에 견주어 이들을 지나치게 작게 표현함으로써 만평가는 개전에 대한 구미 열강의 방관자적 태도를 풍자하고 있다.

1904년 2월 8일 일본은 인천 팔미도 부근과 여순에 대한 기습공격을 감행했다. 러시아는 일본이 선전포고도 없이 자국 함대를 공격하는 국제법 위반 행위를 열강에게 호소했다. "이건 공정치 못해. 나는 아직 준비가 안 되어 있다"며 혼이 빠져 있는 러시아 노인을 향해, 일본 소년은 "지금 겨뤄보자"며 총공격을 감행하고 있다. 동아시아에서 벌어진 전쟁 소식에 지구촌은 화들짝 놀란 모습이다.

《펀치(*Punch*)》지에서도 세일러복을 입은 러시아 곰이, 옆구리에 칼을 찬 왜소한 체구의 일본인이 '기를 쓰고' 자신을 들어올리자 외치고 있다. "그만 들어올리라고…… 난 아직 준비가 안 되어 있다니까."

〈그림 4〉에서는 일본군이 칼을 뽑아 들고 다가오는 것도 모른 채

Uncorking the Volcano.

그림 2

그림 3

술에 취해 잠에 빠져 있는 러시아군을 풍자했다. 러시아 병사의 무장이라고는 기껏해야 긴 장화와 쓸모없는 빗자루뿐임을 조롱하고 있다. 러시아는 실제로 준비 체제를 갖추지 못한 채 전쟁에 돌입했다. 러시아의 1904년도 예산에 전비가 책정되지 않은 것을 통해서도 알 수 있다.[2]

〈그림 5〉~〈그림 8〉
러일전쟁의 전단(戰端)은 한국에서
《東京日日新聞》, 1904. 2. 9/Sepp Linhart, 90쪽/Sepp Linhart, 84쪽/*Brooklyn Eagle*, 1904. 2. 17
(www.Indiana.edu/~ jia1915/war/roo3.html)

러일전쟁은 1904년 2월 8일에 인천 앞바다 팔미도에서 러시아 선박 두 척에 대한 일본의 선제 기습공격으로 시작되었다(〈그림 6〉). 그리고 그 이듬해인 1905년 5월 28일에 동해상 울릉도 근방에서 러시아 발트함대의 참패로 막을 내렸다. 러일전쟁은 한국의 의사와는 관계없이 한반도 해역의 해전으로 시작해 한반도 주변 해역에서 끝난 셈이다. 일본군은 2월 9일에 서울로 진입했고, 2월 10일에야 러시아에 선전포고를 했다.

〈그림 5〉는 일본군이 서울에 진입한 1904년 2월 9일의 《동경일일신문》에 실린 것으로, 러일전쟁 발발로 한국의 생존과 독립이 얼마나 풍전등화의 상황에 놓이게 되었는지 알 수 있다. 한국 선비의 두 팔은 두 개의 힘으로 당겨지고 있다. 그는 자신의 두 발로 서 있을 수도 없을 정도로 위태롭지만, 명목상이나마 독립을 유지하고 있다.

2월 6일 아침 사세보를 출항해 여순항을 향하는 도중, 도고 연합함대 가운데 우리류우 소도키치(瓜生外吉) 소장 휘하의 제4연대는 러시아 함대에 포격을 가하며 8일 저녁에 인천에 입항했다. 한국은 이미 국외 중립을 선포했지만, 일본군을 저지할 만한 군사력을 갖추지 못했다.

그림 5

KOREA
HSÖ. SEOUL.
MOKO.
PUSAN.
MOJI.
NAGASAKI
MATSU YAMA
KOHE.
OSAKA.

그림 7

SO OBLIGING.

TO MANCHURIA
I HEREBY GRANT YOU A PERMIT TO TRAVERSE KOREAN TERRITORY
KOREA
YALU RIVER

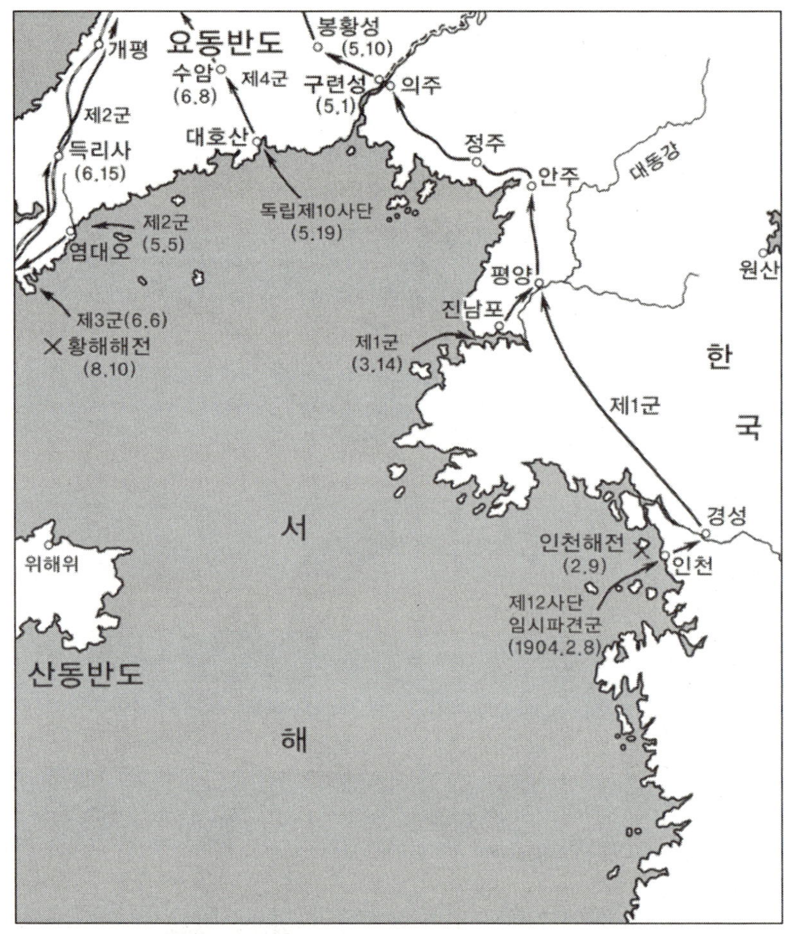

한반도에 상륙한 일본군이 만주로 이동한 경로(小西四郎, 《日露戰爭前後》, 請談社, 1978, 119쪽)

중립을 승인한 각국(청·영·불·독·이·덴마크)도 일본군의 한국 상륙을 묵
인했다.

일본은 〈그림 7〉에서처럼 인천의 전신선을 끊음으로써 한반도에서
의 전쟁 도발 소식이 신속하게 외부에 알려지지 못하게 했다. 일본은

한국에 한일의정서(2월 23일)를 강요하여, 한반도에서의 주류권(駐留權)
과 군수품·노동력 징발권 등을 획득했다(〈그림 8〉). 〈그림 8〉은 한일의
정서가 나오기 전 미국의 한 언론에서 일본의 한반도 유린 상황을 포착
한 것이다. 만주로 가기 위하여 한반도에 상륙한 일본군에게 처절하게
유린당하고 있는 한국의 선비는 고통스럽게 외친다. "한반도 통과권을
인정한다"라고. 인천에 상륙한 일본 제1군 제12사단이 3월 중순 평양까
지 진군했고, 히로시마에 대기하고 있던 제2사단은 진남포 상륙을 완료
했다(3월 29일). 압록강 대안(對岸)에 포진하고 있는 러시아군을 배후에
서 견제, 협공하기 위해서였다.

〈그림 9〉, 〈그림 10〉
러시아의 대응이 궁금한 열강
Harper's Weekly, 1904. 4. 9/미국삽화, 1904, Marshall Everett, 297쪽

　　일본의 개전에 러시아가 어떻게 대응할 것인지 궁금해 하는 열강의
모습이다. 러일전쟁기의 일반적인 삽화와는 달리 〈그림 9〉에서는 특이
하게도 열강이 일본의 배후가 아닌 러시아의 배후에 서 있다. 아마도
전쟁의 초기 단계여서 그렇게 묘사된 듯하다. 침착한 모습으로 앉아
있는 일본 텐노의 모습과는 달리, 당황하고 있는 러시아 차르의 대응을
지켜보는 열강의 관심이 표현되어 있다. 〈그림 10〉에서는 작은 체구의
일본 군인이 러시아 곰에게 빨리 장기를 두라고 재촉하고 있다. 러시아
곰의 장기 판 앞쪽에는 '만주(Manchuria)'라는 글자가 새겨져 있다. 장기
판 옆에서 존 불과 엉클 톰이 판세를 지켜보고 있는데, 영국의 모습이
일본 못지않게 적극적이다.

그림 9

그림 10

〈그림 11〉
러시아의 전략
Punch, 1904. 5. 11

러시아 곰이 달려가며 외친다. "내가 도망가고 있다고? 무슨 말씀? 나는 지금 적을 유인하는 중이라고!" 일본 노기(乃木希典) 장군 휘하의 제3군이 대련에 상륙, 여순을 거쳐 금주로 진격해 들어갔다. 러시아로서는 대륙으로 일본을 유인해 병참선을 늘리는 것이 유리했다. 시기로 볼 때, 이 삽화는 바로 이 같은 전황을 풍자한 것으로 생각된다. 1904년 5월에 러시아는 금주 북쪽의 와방구(瓦房溝)에서 제3군과 조우했고, 인천에 상륙했던 구로키(黑木) 휘하의 제1군과 압록강전투를 벌였다.

〈그림 12〉
태양[日]이 이슬[露]을 녹이는 것은 필연?
Punch, 1904. 6. 15

일본의 승리가 필연적이라는 선전물 그리고 연전연패하는 러시아를 풍자하는 그림에 자주 등장하는 아이디어이다. 태양[日] 앞에 이슬[露]이 녹을 수밖에 없다는 진리를 통해 일본의 필연적 승리를 드러내려는 작가의 의도가 엿보인다. 여순항(Port Arthur)에 서 있는 곰의 입지는 점점 좁아지고 있다. 노기 장군 휘하의 제3군이 대련을 통해 상륙하기는 했지만, 아직 여순에 대한 본격적인 공격은 개시하지 않은 상황이다. 여순은 1905년 1월 1일에 가서야 함락되지만, 이 삽화는 일본군이 휩쓸고 지나간 여순에서 러시아가 벌써 설 자리를 잃고 있음을 풍자하고 있다.

A STRATEGIST.

그림 12

일본 제3군의 여순 공략에는 약 5개월이 소요되었다. 필승을 확신한 일본군의 예상과는 달리 여순 요새는 견고했고, 러시아는 필사적으로 방어하는 전술을 택했다. 그 과정에서 3회에 걸친 총공격 뒤 1904년 12월, 제3군은 203고지 공략으로 목표를 변경했다. 1905년 1월 1일 오전 11시가 조금 넘어 스테셀 장군의 러시아군 사령부에 백기가 게양되었다. 이로써 일본은 여순과 대련을 러시아에 빼앗겼던 '대일 삼국간섭'의 치욕을 10년 만에 되갚았다.

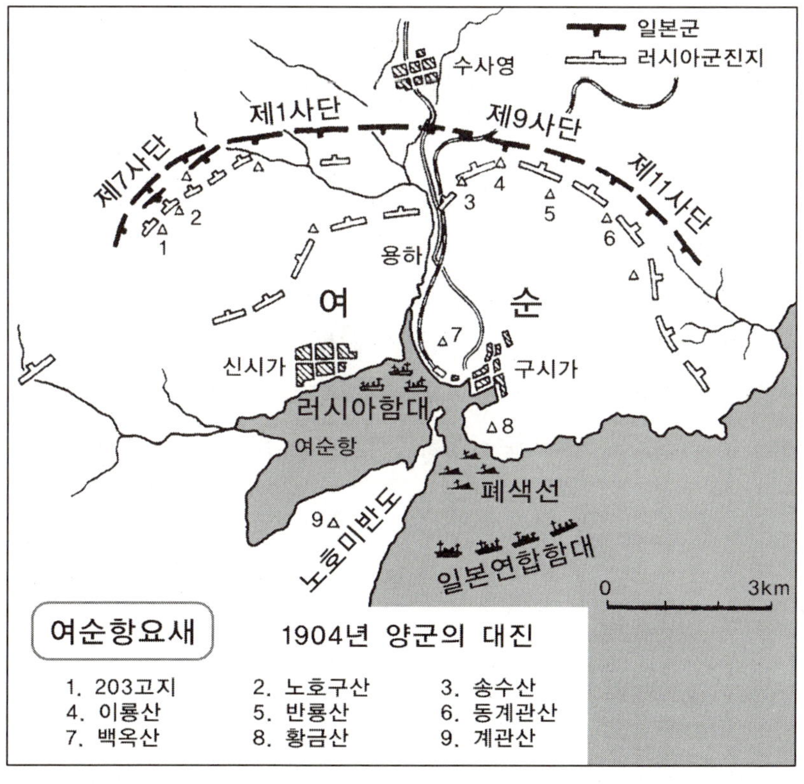

일본의 여순 공략

<그림 13>
일본의 육해전 전술
Duluth News-Tribune, 1904

그림에서는 러시아 곰이 "단지 벌통을 좀 쑤신 것뿐"이라며 시치미를 떼지만, 이 벌집은 '일본 해군의 호박벌'이라 불리던, 일본이 태산같이 믿던 어뢰정들이다. 일본의 육해전 전술은 마치 벌들이 공격하듯 신속하고도 날랜 대형으로 이루어졌다. 벌집이 터지면서 동시에 쏟아져 나와 공격하는 모습이 일본군의 전술을 그대로 보여준다.

<그림 14>, <그림 15>
일본군의 여순 공략으로 시달리는 러시아
Punch, 1904. 9. 7/*Detroit Evening News*, 1904, Marshall Everett, 301쪽

1904년 가을에 접어들며 일본은 육해전 총공략으로 러시아군과 맞서고 있었다. 울산해전(8월 14일), 제1차 여순 총공격(8월 19~22일), 그리고 노기 장군의 제3군과 요양회전(8월 20~28일), 제4군과 사하(沙河)회전(9~11월)이 있었다. 그러니 여기저기에서 한꺼번에 달려드는 일본군 사냥개들에 시달리는 러시아 곰의 표정은 괴로울 수밖에 없다. 일본은 여순 총공격을 본격적으로 감행하면서, 제1차 한일협약을 한국에 강요했다(8월 22일).

<그림 16>
만주로 가는 도중에
Punch, 1904. 9. 14

무장 군인 복장을 한 러시아 곰이 서둘러 하얼빈으로 향하는 도중에

THE BEAR---"I'VE STRUCK A HORNET'S NEST NOW, SURE!"

그림 14

그림 15

CHEMULPO
PORT
ARTHUR

그림 16

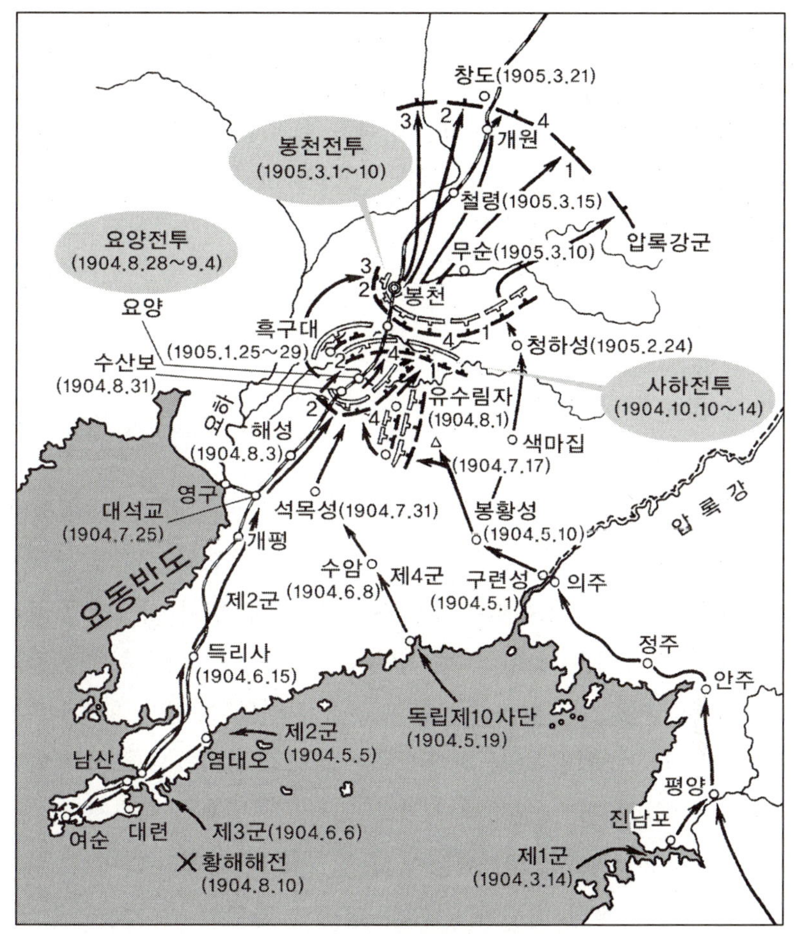

만주에서 벌어진 주요 전투(小西四郎, 《日露戰爭前後》, 請談社, 1978, 119쪽)

평화의 여신을 만났다. 러시아는 이미 잇단 전투(울산해전·요양해전·사하회전)로 이동이 다급한 상황이었다. 여인은 러시아 곰에게, 계획을 바꾸어 만주에서 철병할 것인지 묻고 있다. 러시아는 단호하게 말한다. "부인, 난 항상 만주에서 철수하고 있지요. 러시아가 한 약속은 신성합니다”라고.

러시아는 전쟁 이전에 세 단계로 예정된 철병 일정 가운데 1차 철병만 이행한 전력이 있다. 말과 행동이 전혀 맞지 않는 러시아를 잘 알고 있는 듯, 크고 화려한 칼을 차고 있는 평화의 여신의 못 미더운 표정이 그것을 말해주는 것 같다.

<그림 17>, <그림 18>
1904년의 전쟁 경과
Detroit Evening News, 1904, Marshall Everett, 302쪽/미국삽화, 1904, Marshall Everett, 364쪽

1904년 당시 미국 언론들은 이미 일본의 우세를 내다보고 있었다. <그림 17>에서 바다의 신 넵투누스가 말한다. 넵투누스는 왜 그렇게 많은 러시아 전함이 침몰했는지 이해할 수 없다. 반은 사람이고 반은 새의 요정, 아름다운 노랫소리로 지나가는 뱃사공을 꾀어 죽게 만든다는 세이렌도 러시아 전함의 침몰을 도무지 이해할 수 없다. 넵투누스는 이것이 단지 탁구처럼 다시 되받아치는 게임일 것이라고 그저 대담한 추측을 할 뿐이지만, 여순항에서 활약하고 있는 일본인 탁구선수는 러시아군함이 어떻게, 왜 침몰했는지 그 원리를 잘 이해하고 있다. 일본 선수 옆에는 침몰한 러시아 전함의 명세가 자세히 기록되어 있다.

<그림 18>에서도 이미 '전쟁 초기에' 일본이 자국의 우세를 자신하고 있는 모습이 포착되고 있다. 동아시아의 저울추가 이미 일본 쪽으로 기울어 있고, 일본군은 "거봐, 내 무게가 더 많이 나가지"라며 자신하고 있다.

JAPAN SCORE
5 WARSHIPS SUNK
8 " " TORPEDOED
2 "
4 MORE SUNK
3 MORE TORPEDOED
ENTIRE FLEET SUNK
2 MORE BLOWN UP
3 ADDITIONAL SUNK
4 TORPEDOED
REST OF FLEET
SENT TO BOTTOM
2 MORE JUNK
PORT ARTHUR
NEPTUNE

JAPAN (early in the war)—"So far, I weigh more than you."

〈그림 19〉, 〈그림 20〉
드디어 여순을 되찾다!
Punch, 1905. 1. 11/독일 엽서, Sepp Linhart, 87쪽

러시아의 주도 아래 프랑스·독일이 가세한 삼국간섭의 압력으로, 일본은 1896년 1월에 요동반도를 청국에 반환한 바 있다. 러시아는 1898년 3월 청국과 조차협정을 통해 여순·대련을 차지하고 각각 상항(商港)과 군항으로 개발했다. 청일전쟁 때 오야마(大山嚴) 원수(러일전쟁 당시 만주군 총사령관)가 1894년 11월에 함락시켰던 여순을 삼국간섭(1895)으로 반환한 뒤, 1905년 1월 1일에 노기 장군이 되찾은 것이다. 노기 장군은 여순 공략에서 고전을 면치 못했으나, 친구이자 노기를 우려해 뒤쫓아 온 고다마(兒玉源太郎)의 도움을 받아 여순을 한락시킴으로써 그야말로 일본의 '구국의 영웅'이 되었다. 만평가는 일본의 승리를 눈부시게 빛나는 태양 아래 긴 칼을 부여잡고 득의양양해 하는 여신의 모습으로 표현했다.

〈그림 20〉에서는 여순의 전리품을 가방에 모두 담고 있는 일본군의 흡족한 표정으로 일본의 여순 공략을 묘사했다.

〈그림 21〉, 〈그림 22〉
일본의 203고지 점령과 쿠로파트킨의 퇴각
《시사만화》, 1905

표고 203미터의 고지가 여순 공방의 격전지가 되었던 이유는, 고지 정상이 여순항을 직접 포격할 수 있는 절호의 위치였기 때문이다. 〈그림 21〉은 고지를 점령(1904년 12월 5일)한 제3군이 정상에서 러시아의 여순함대에 포격을 개시하는 모습을 담고 있다. 〈그림 22〉는 여순을

REGAINED !

Japan trägt ein sehr einnehmendes Wesen zur Schau.
Der russisch=japanische Krieg
7550.
PORT ARTHUR
GELBES MEER

그림 21

ポールチック艦隊の失望

木戸郎の機轉

184 ·

빼앗기고 퇴각해야 하는 쿠로파트킨 만주총사령관의 고뇌하는 모습을 보여준다. 쿠로파트킨은 전후(戰後) 혁명에 연루되었고, 말년에는 초등학교 교사로 생을 마감했다. 노기가 전후 일본의 '군신(軍神)'이 된 것과는 매우 대조적이다.

〈그림 23〉
평화를 위한 러시아의 첫걸음?
Punch, 1905. 3. 1

부상으로 상처를 동여맨 러시아 곰이 헛기침을 하며 자신의 존재를 알리고 있다. 당장이라도 전쟁을 그만 두고 강화를 원하는 듯한 표정이다. 전쟁의 장기화로 평화의 여신도 몹시 지쳐 있다. 러시아 사령부가 후퇴하기로 결정한 것은 공교롭게도 이 삽화가 나온 지 며칠 뒤의 일이었다. 러시아의 군사령부는 일본이 봉천회전(1905년 3월 10~14일)에서 결정적인 돌파구를 채 마련하지 못한 상황에서 이미 후퇴하기로 결정했다.

〈그림 24〉
발트함대, 항로를 망설이다
《東京パック》, 1905. 5. 10

러시아 발트함대 제1진은 1904년 9월 13일 크론슈타트(Kronstadt)를 출항해 리바우(10월 15일)를 거친 뒤 희망봉을 돌아 12월 29일 아프리카 남동부 마다가스카르(Madagascar) 섬의 노시베(Nosi-Bé) 항에 도착했다. 발트함대는 여기서 후속 부대를 기다리기 위해 근 3개월을 머물렀다.

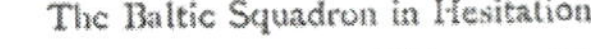
The Baltic Squadron in Hesitation.

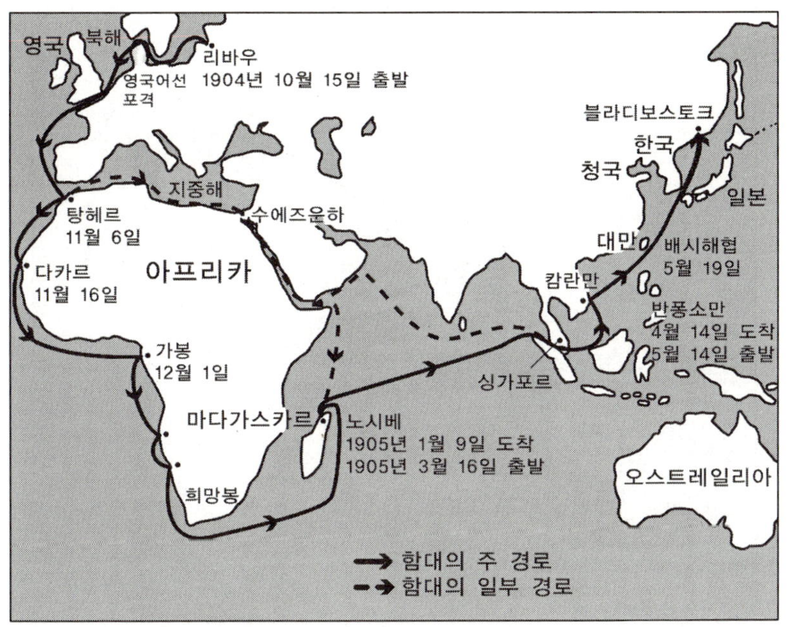

발트함대의 이동 경로

당초 발트함대의 대원정에는 약 3만 4,000킬로미터의 주항에 최단 5개월이 소요될 것으로 예상했으나, 실제로는 7개월 반이나 걸렸다. 이에 장기간의 항해로 수병들의 피로와 불만은 극에 달했다.

여순이 함락됨으로써 발트함대의 최종 목적지는 블라디보스토크로 고정되었다. 그러나 보급을 받기 위해 블라디보스토크로 가는 데는 세 가지 길이 있었다. 로제스트벤스키는 처음부터 블라디보스토크까지 최단거리인 대한해협을 돌파하기로 결정했다. 대한해협의 자유통과권은 러·일 교섭 당시 러시아가 끝까지 고집한 중대한 전략적 조건이었다. 러시아가 블라디보스토크를 보유하고 있는 한, 그리고 여순과 블라디보스토크에 분산 배치된 러시아의 태평양함대의 운용상, 대한해협의

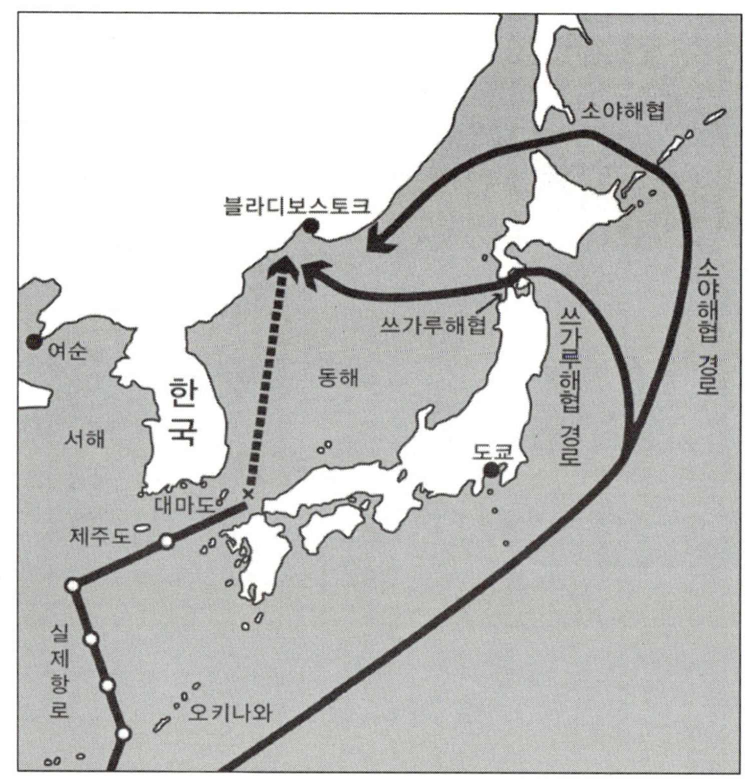

발트함대의 예상 항로

자유통과권 확보는 필수적인 러시아의 전략적 이해였던 것이다.

　나머지 두 가지 길 가운데 하나로는 태평양을 타고 북상해 사할린의 라페루즈(소야) 해협을 거쳐 가는 최장 코스가 있었다. 그런데 여기에는 연료 보급과 많은 안개가 문제였다. 쓰가루 해협을 통과하는 나머지 길에는 좁은 이 해협을 따라 일본이 기뢰를 부설할 가능성이 있었다. 로제스트벤스키는 최종적으로 대한해협의 동수도(東水道), 즉 쓰시마 와 큐슈 사이의 쓰시마 해협을 통과했다.

똑같은 이유로 연합함대의 도고 제독도 발트함대가 대한해협을 통과할 가능성이 클 것으로 판단했다. 러시아의 태평양 함대를 무력화하기 위해 도고는 진해만·대마도·나가사키·사세보에 흩어져 있던 함대를 대한해협에 집결시키고(1월 21일), 연일 포격 명중도를 높이는 맹훈련에 돌입했다. 이 과정에서 일본은 거문도에 등대와 포대를 설치했고(1905년 1월), 징발한 민간 수송선과 구식 군함을 동원해 일본 근해의 소계(消戒) 활동을 담당하게 했다.

러시아 발트함대의 내항에 대비하기 위해 도고 제독은 1월 21일 이미 전 함선의 대한해협 집결을 명령해놓고, 한 달 뒤인 2월 21일에는 임전 태세를 완료한 뒤 발트함대를 기다리고 있었다. 일본 각의에서 독도를 자국의 영토로 '편입'하기로 결정한 것이 비로 이때였다(1905년 1월 28일).[3] 그리고 도고가 임전 태세를 완료한 다음 날, 일본 정부는 시마네현 고시(2월 22일)로 독도를 탈취했다. 일본은 울릉도에 망루를 설치하고(1904년 9월), 독도에 망루 설치를 위한 조사(9월 24일)와 함께 나카이(中井養三郎)라는 한 어부로 하여금 〈독도편입원〉(9월 29일)을 일본 정부(내무·외무·농상무대신)에 제출하게 했다. 일본의 독도 점취는 해군 전력의 3분의 1을 여순 작전에서 상실한 뒤, 자국 전력의 보강 차원에서 울릉도 탈취 공작과 더불어 감행한 조치였던 것이다. 일본의 독도 탈취 기도는 이처럼 러시아와 벌일 해전에 대비한 전략적 고려에서 나온 것이었다.[4]

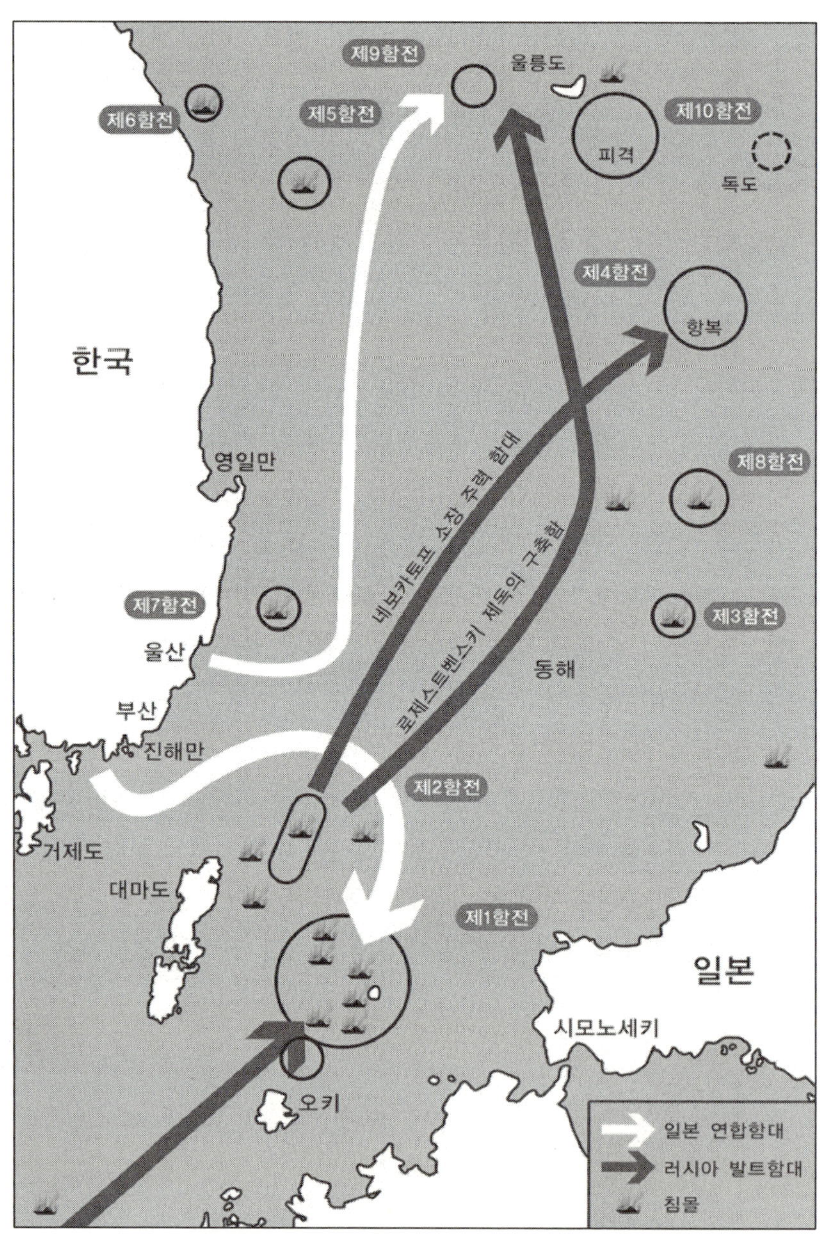

5월 27일과 28일, 대마도해전에서 발트함대의 패배

〈그림 25〉
발트함대의 참패
《東京パック》, 1905. 6. 10

발트함대의 침몰을 바라보는 일본 노기 장군의 당당한 모습과 더불어, 로제스트벤스키 제독과 발트함대의 참패를 바라보는 열강의 시선이 다채롭다. 영국의 존 불은 환호하고 있고, 미국의 엉클 톰도 박수로 환영하고 있다. 영국과 미국 뒤에서 중국은 러시아의 패배를 같이 환호하는 처지이다. 독일의 태도는 여전히 이중적이다. 러시아의 참패가 가져다줄 유럽에서의 이해득실을 계산하고 있는 듯하다. 그 옆에 있는 이탈리아와 오스트리아도 환호하고 있다. 러시아의 동맹국 프랑스의 모습이 보이지 않은 점이 이채롭다.

〈그림 26〉
러시아의 패배
Daily Mirror, 1905. 5. 30

러시아가 일본과의 경기에서 패한 뒤 몹시 낙담하고 있다. 러일전쟁을 사실상 종결시킨 대마도해전(1905년 5월 28일) 직후에 나온 열강의 반응이 다채롭다. 프랑스 부인은 "어휴, 가엾은 내 친구(Alas, my poor friend)"라며 동맹국 러시아를 동정하고 있다. 중국은 엉터리 영어로 "러시아를 최고로 여겼던 내가 바보지(Me once thinnee Lussia number one size man. Me makee mistake)"라며 탄식하고 있다. 독일은 "일본이 해냈군. 다음은 누구 차례일까?(he's done. Whose turn shall it be next?)"라며 전쟁 결과를 골몰히 분석하고 있다. 미국의 엉클 샘은 "정당한 케이오 패인 것 같은데(Guess that fair knock out)"라며 흡족해 하는 표정이다. 평화의 여신은

그림 25

〈그림 25〉의 부분

FRANCE
ALAS! MY POOR FRIEND
ME ONCE THINKEE LUSSIA NUMBER ONE SIZE MAN. ME MAKEE MISTAKE
HE'S DONE. WHOSE TURN WILL IT BE NEXT?
CAN'T THE FIGHT BE STOPPED NOW?
GUESS THAT'S A FAIR KNOCK-OUT
RUSS
JAPAN
W. K. Haselden

"전쟁을 지금 당장 멈추게 할 수는 없을까?(Can't the fight be stopped now?)" 라며 평화를 촉구하고 있다. 여기에 영국의 모습은 나타나 있지 않다. 《데일리 미러(Daily Mirror)》지의 풍자화는 가끔 자국의 입장을 생략하는 경향이 있다.

〈그림 27〉
평화를 위협한 일본
프랑스 엽서, Sepp Linhart, 71쪽

일본의 전쟁 도발로 유럽의 평화가 위협받게 되었다는 내용의 프랑스 엽서이다. 러일전쟁은 유럽의 국제질서와 세력 관계에도 큰 영향을 미쳐, 10년 뒤의 제1차 세계대전 발발에 중요한 배경이 되었다.

〈그림 28〉
전쟁은 곧 '평민의 피'
일본, 《平民新聞》, 1904. 3. 30, 芳賀徹·淸水勳 編, 《日露戰爭期の漫畵》, 筑摩書房, 1986, 24쪽

그림에서 보듯이, 러시아와 일본의 상류사회, 즉 귀족과 부유한 자본가 등 지배 엘리트들은 전쟁을 반기고 있다. 반면, 신문은 한반도에 투입된 양국 군인들이 곧 '평민의 피'를 의미한다고 비판하고 있다. 러일전쟁 당시 드물게 '반전론'을 주장했던 《평민신문》은 평화주의·사회주의·평민주의를 기치로 1903년 11월에 창간되었으나 몇 개월 뒤 정간되고 말았다.

GUERRE
PAIX
EUROPE

그림 28

ロシア上流社会
日本上流社会
滿洲
平民の血
朝鮮
日本

그림 29

〈그림 29〉
일본의 승전을 역사는 어떻게 기억할 것인가
프랑스 엽서, Sepp Linhart, 77쪽

일본의 텐노가 환호하는 국민들 앞에서 러일전쟁 승리를 자랑스럽게 외치고 있다. 그러나 참전 부상자들의 눈물과 비애는 병풍 뒤에 감추어져 있다. 프랑스 삽화는 이렇게 제목을 달았다. "러일전쟁 승리에 대해 역사는 어떻게 기록할 것인가."

5. 전황과 국제정세 변화

　러시아와의 대결에서 영국과 미국은 노골적으로 일본을 지원했다. 이 점에서 구소련 학자들은 일본이 영·미의 대리전을 수행했다고 주장했다. 〈그림 2〉와 〈그림 3〉에서처럼, 일본의 배후에는 영국이 있다고 풍자되기도 한다. 〈그림 2〉에는 '리틀 저팬이 탄생했다'라는 제목이 달려 있다. 〈그림 3〉에서도 일본은 영국의 '꼭두각시'로 조종되고 있다. 이 엽서들은 당시 유럽에서 '일본이 영·미의 대리전을 수행한다'는 러일전쟁관이 풍미했음을 말해준다.

　〈그림 1〉에서는 일본의 여순 탈환(1905년 1월 1일)을 기뻐하는 영국의 에드워드 7세의 언급이 기록되어 있다. 그는 "결국 우리가 지배하게 되었다"며 기뻐하고 있다. 영일동맹의 기쁨과 여순을 빼앗긴 러시아 차르의 참담한 모습을 대비시켰다. 19세기 내내 지속되었던 영국과 러시아 사이의 전세계적인 숙적 관계가 러일전쟁에 반영되었다는 의미

그림 1

Edouard VII : Y'a pas à dire ... nous dormirons ...
L'ACTUALISTE N°65
"Le Vainqueur"
de Port-Arthur.
PORT-ARTHUR
2 Janvier 1905.

LE PANTIN

이다. 그런 점에서 러일전쟁은 영일동맹과 러불동맹의 대결이었다.

<그림 4>
비참한 거지의 구걸이라니!
Punch, 1905. 3. 22

온몸이 상처 투성이인, 붕대를 맨 러시아 군인이 프랑스 부인에게 구걸하고 있다. "부인, 그렇게 냉혹하게 대하지 마세요"라고. 프랑스는 더 이상은 안 된다는 듯이 냉정하게 적선을 거부하고 있다. "미안해요, 하지만 한푼도 줄 수 없군요."

프랑스 차관이 러일전쟁에 얼마나 전용되었는가에 관한 연구는 거의 전무하다. 러불동맹이 존속할 때까지 프랑스는 총 170억 프랑에 달하는 어마어마한 금융자본을 러시아에 쏟아부은 것으로 되어 있다.[1] 빌린 돈의 액수와 빈도가 높아질수록 채권자와 채무자의 처지는 점차 역전되어간다. 빌린 돈을 상환받기 위해서라도 채무자의 요구를 거절할 수 없게 되는 것이다. 이처럼 역전된 채권자와 채무자의 관계는 러불동맹 전 기간(1894~1918년)에 걸쳐 되풀이되었다. 프랑스는 동맹을 유지하기 위해, 투자자본을 회수하기 위해서라도 러시아의 끊임없는 차관 요구에 응하지 않을 수 없었다. 러시아의 산업화 이외에 러시아의 시베리아 철도 부설과 러일전쟁 등에 어느 정도로 유용이 되었는지 아직도 자세하게 알 길이 없다.

POOR BEGGAR !

〈그림 5〉
동맹 분규에 연루되지 않도록······
Harper's Weekly, 1904. 3. 12

영일동맹·러불동맹 문서를 옆에 두고 있는 영국과 프랑스는, 자국의 동맹국이 패하지 않도록 최대한 지원하면서도, 다 같이 전쟁에 연루되는 것은 원하지 않았다. 영국과 프랑스는 아시아에서 벌어지는 전쟁 때문에, 그리고 각각의 동맹 관계 때문에 자신들이 전쟁을 해야 할 상황이 올지도 모른다고 우려했다. 결국 전쟁 발발 두 달 만인 4월 8일에 두 나라 사이에 '영불협상(Entente Cordiale)'이 성립함으로써 두 나라 사이의 긴장과 적대감이 완화되었다.

사실상 두 나라는 각기 군사동맹을 통해 '필연적으로' 러일전쟁에 연루될 수밖에 없었다. 즉, 프랑스는 러시아와 동맹을 통해 '평화를 위협하는 모든 문제'를 협의하기로 되어 있었지만, 러일전쟁으로 말미암아 '유럽의 평화가 위협받는 경우' 동맹이 제 기능을 발휘할 수 있을지 우려하지 않으면 안 되었다. 반면 영국으로서도 영일동맹을 통해 동아시아의 평화를 위협하는 문제에 일본을 지원하지 않으면 안 될 형편이었다.

그러므로 러일전쟁의 가장 즉각적이고도 일차적인 결과는 영불협상의 성립이었다. 동아시아의 전쟁에 연루되지 않으려던 영국과 프랑스가 18세기 이래 지속되던 전세계에 걸친 오랜 식민지 갈등을 해결해 '진정한 협상'에 이른 것이다. 전쟁 기간 내내 영국과 프랑스는 평화를 유지하는 데 성공했다. 영불협상 이전까지 영국의 전쟁 계획이 러시아와 프랑스로 향해 있었던 점을 감안한다면, 이는 유럽의 세력 균형 변화에서 대단히 중요한 의미를 지니는 것이다. 그리고 이 같은 '진정한 화해'의 영불관계는 제1차 세계대전 때까지 지속된 국제 관계의 중요한

그림 5

한 축을 형성했다.

〈그림 6〉, 〈그림 7〉
모로코 위기
Harper's Weekly, 1905. 5. 6/《東京パック》, 1905. 6. 10

'열강이 안 보는 사이에 그들의 등 뒤에서?' 일본이 봉천회전에서 승리한 직후 독일 외상 뷜로는 황제 카이저가 지중해를 순항하는 기회를 이용해 1905년 3월 31일 모로코의 탕헤르(Tanger)를 방문, 모로코에 대한 프랑스의 내정개혁안을 거부하도록 종용했다. 이것이 이른바 제1차 모로코 위기이다. 독일의 이 같은 행동에 대해 영·불은 모로코에서 프랑스의 권리를 인정해준 '영불협상'에 대한 파괴 공작이라고 비난했다. 이에 4월 11일에 뷜로는 모로코에서 프랑스를 축출하려고 한 의도가 아니라고 발뺌하며 모로코 문제 해결을 위한 국제회의 소집을 제안했다.

〈그림 6〉은 러일전쟁이 종반으로 치달을 즈음의 분위기를 묘사한 것으로, 열강의 모든 관심이 동아시아에 쏠려 있다. 그 가운데 특히 프랑스는 지중해와 유럽의 정세가 걱정스러운 처지이다. 독일이 지중해에서 모로코 위기를 야기하고 있기 때문이다. 프랑스 신사는 동아시아의 사태가 염려스러우면서도 동시에 지중해에서 독일의 행보를 걱정스럽게 바라보고 있다. 러일전쟁기 영·불의 결합은 독일에게 심각한 고립감을 안겨주었다. 이는 곧바로 북아프리카에서 모로코 위기로 나타났다. 〈그림 7〉에서는 모로코 위기를 일으키려는 독일을 프랑스가 적극 견제하는 모습이 나타나 있다.

그림 6

그림 7

<그림 8>, <그림 9>
영·불 사이를 방해하는 독일
Harper's Weekly, 1905. 7. 1/*Punch*, 1905. 7. 12

영불협상의 체결 과정에서 독일의 위협이 협상 체결에 주된 요인은 아니었다. 이집트와 모로코의 상호 인정을 골자로 한 식민지 문제를 협의한 영불협상은 다른 군사적 성격의 동맹들과 견주어볼 때 그 내용에서 나약하기 그지없었다.

독일은 일본이 봉천회전에서 승리한 직후 제1차 모로코 위기(1905년 3월 31일)를 일으키고, 일본이 발트함대를 대마도 근방에서 침몰시킨 직후에는 독·불 위기 해소의 책임을 물어 프랑스 델카세 외상의 사임을 요구했다(5월 30일). 독일은 러시아가 육전과 해전에서 결정적으로 패한 전황을 이용해 프랑스의 외교적 곤경을 극대화하고자 한 것이다. 결국 독일의 요구대로 델카세가 사임(6월 6일)하고 알헤시라스 국제회의(1906년 1월 16일~4월 7일)가 소집되면서 독일 외교는 승리한 것처럼 보였다.

상황이 독일에 유리한 듯했으나, 국제회의 이후 오히려 영국과 프랑스는 독일의 위협에 대처하기 위해 단합하기 시작했다. 그리하여 제1차 세계대전에 이르기까지 영불협상은 '진정한 협상'으로서 군사동맹 이상의 역할을 했을 뿐만 아니라, 사실상 해군 동맹의 차원으로까지 강화되었다.

<그림 9>에 보이는 장소는 영국 함대가 러시아 서쪽의 대관문인 브레스트-리토프스크를 방문하던 중 기념사진 촬영을 위해 잠시 정박한 해안가이다. 영국과 프랑스 수병은 만족스러운 표정으로 사이좋게 어깨동무를 하며 사진 찍을 자세를 취하고 있다. 여기서 소외된 독일 수병은, 같이 사진을 찍으려 하지만 뜻대로 되지 않아 혼자 팔짱을

그림 8

낀 채 몹시 자존심이 상한 모습이다. 독일의 고립이 그만큼 심각함을
빗댄 것이다. 설상가상으로 사진사 미스터 펀치가 독일 황제 카이저에
게 다음과 같이 부탁하고 있다. "조금만 더 뒤로 물러서주시겠어요?
당신의 그림자가 다른 이들을 가리는군요."

〈그림 10〉
영불의 미묘한 갈등—만주에서의 경마 경기
Punch, 1904. 6. 1

만주에서 벌어지는 러·일 사이의 전투를 둘러싸고 영국과 프랑스가
미묘한 신경전을 보이고 있다. 영국 신사를 상징하는 존 불이 말한다.
"일본이 리드하고 있다"고. 그러자 마담 프랑스가 되받는다. "아, 아직
코너도 채 돌지 않았는데요 뭘."
그러나 사실상 러시아 경주마는 한참 뒤쳐져 있다. 영국이 전쟁에서
동맹국 일본의 승리를 예견하자, 프랑스는 동맹국 러시아를 두둔하고
있다. 영불협상의 성립으로 두 나라가 아시아에서 전쟁에 개입할 가능
성은 없어졌지만, 여전히 각자의 동맹국을 응원하고 있는 것이다.

〈그림 11〉
러일전쟁의 틈을 타고—영국의 티베트에 대한 조약 체결 강요
Punch, 1904. 8. 17

영국이 티베트에게 미리 작성해온 조약문에 서명할 것을 강요하고
있다. "그래 그게 좋겠어 친구, 원한다면 300년 동안 나가 있어도 좋아.
그렇지만 이것 먼저 사인하고 나가야지. 비즈니스가 우선이지."

GRAND LAMA
OUT.
BACK IN
THREE YEARS.
ANGLO-
TIBETAN
TREATY
Bernard Partridge

1904년 8월, 영국의 영해즈밴드(Younghasband)부대는 티베트의 라사(Lhasa)를 점령했다. 달라이 라마가 몽고로 망명한 가운데 영국의 인도 정부와 티베트 사이에 조약이 체결되었다. 영국은 3년 동안 첨비(Chumbi) 계곡을 점령한 뒤, 티베트로부터 이 지역을 다른 열강에 양도하지 않겠다는 약속을 받아냈다.[2] 이후 영국은 첨비 계곡을 75년 동안 점령했다. 이는 러시아가 전쟁에 연루된 틈새를 이용한 영국의 세력권 강화책이자 인도 북부를 장악하기 위한 전략의 일환이었다. 결국 티베트 문제는 러일전쟁이 끝난 뒤인 1907년 영러협상의 주요 의제 가운데 하나가 되었다.

〈그림 12〉
도거뱅크 사건
Punch, 1905. 1. 18

발트함대는 리바우(지금의 라트비아 공화국 리예파야)를 출항하자마자(1904년 10월 15일), 도거뱅크 사건(10월 21~22일)을 일으켰다. 발트함대가 북해에서 조업 중이던 영국의 트롤어선 1척을 일본의 수뢰정으로 오인하여 격침시킨 것이다. 〈그림 12〉에서는 북해 탐사대가 도거뱅크 사건의 진상을 철저하게 조사하고 있음을 이처럼 해저 잠수부가 바다 밑을 샅샅이 뒤지고 있는 모습으로 묘사했다.

THE NORTH SEA COMMISSIONERS MAKE A THOROUGH INVESTIGATION ON THE DOGGER BANK.

프랑스의 이중적 중립
《東京パック》, 1905. 5. 10

러시아의 동맹국 프랑스에 대한 일본의 시선은 러일전쟁 내내 대단히 냉소적이었다. '중립'이라는 의자에 앉아 행동의 자유가 없는 것처럼 보이는 프랑스이지만, 머릿속으로는 두 가지 다른 생각으로 러·일 두 나라에 각각 접근하고 있다. 러시아에게는 감언이설을 속삭이는 듯한 모습인 반면, 일본에게는 눈치를 보며 애써 중립을 가장하는 듯한 모습으로 풍자되고 있다.

실제로 프랑스는 전쟁 내내 동맹국 러시아에 은밀하게 협조했다. 러시아 발트함대는 프랑스령 인도차이나 캄란 만에서 입항이 거부되었다. 이에 발트함대는 네보카토프(N. I. Nebogatov) 소장 휘하의 러시아 제3태평양함대(1905년 2월 13일 리바우 출항)를 기다리는 1개월 동안 캄란 만이 아니라, 그 외항인 반퐁(Van Fong) 만에 머물러야 했다.[3] 그러나 발트함대가 마다가스카르와 인도차이나 반도의 외항에 정박하는 동안 프랑스의 델카세 외상은 사실상 '발트함대가 신선한 보급품을 배에 실을 수 있도록 충분한 시간을 준 뒤에' 벽지로 몰아내는 시늉을 취하며 동맹국에게 편의를 제공했다.[4]

엉클 샘의 독백—저들이 전쟁에 연루되도록 내버려두어야
미국 삽화, 1904, 3편, Marshall Everett, 408쪽 · 428쪽 · 31쪽/*Booklyn Eagle*, 1904. 2. 5, Marshall Everett, 72쪽(www.Indiana.edu/~jia1915/war/room3.html)

1898년 이래 독일은 교주만, 러시아는 여순, 프랑스는 광주만, 일본은 복건성, 영국은 양자강 유역과 중국 내륙을 이미 차지하고 있는

그림 13

RUSSO-JAPANESE
WAR
CHINESE EMPIRE
INTEGRITY
OF CHINA
POLICY
SECRETARY HAY
U.S. FOREIGN RELATIONS
LOCALIZATION OF HOSTILITIES

그림 15

ASIA
FRANCE
ENGLAND
RUSSIA
JAPAN
WAR

RUSSIAN AND JAPANESE IMBROGLIO
AMERICAN INTERESTS IN ASIA
WAR SHIPS AND MARINES

COMPLICATIONS
RUSSO-JAPANESE INTERNATIONAL RIOT
ASIA

상태였다. 이들 열강은 각각의 세력권을 구축하고, 각종 외교협정으로 자원개발권·치외법권·경찰권·행정권을 확보하여 배타적이고도 독점적인 세력권을 구축했다. 열강의 세력권 안에서는 배타적인 철도 궤폭과 치외법권 및 행정권 때문에 타국의 영향력이나 상품이 침투해 들어가기가 대단히 어려웠다.

이 같은 상황에서 미국이 중국의 영토 보전과 상업상의 기회균등을 주장하며 뒤늦게 중국 시장에 뛰어들려고 하니 이들 열강으로서는 못마땅할 수밖에 없었다. 1898년 미국-스페인 전쟁으로 중남미와 태평양 그리고 필리핀을 확보한 미국은 후발 자본주의 국가로서 이상주의를 가장한 명백한 개입주의로 뒤늦게 제국주의 시장에 진출하고자 했다(〈그림 14〉). 기존의 이해관계를 모두 없던 것으로 하고 미국이 새로 가세하는 새판을 짜자는 말인가. 열강의 동의를 구하기 위해 눈치를 살피는 엉클 샘의 모습이 흥미롭다. 미 국무장관 헤이는 1899년 9월 6일에 '중국의 주권 존중과 기회균등'을 내세운 문호개방(Open Door) 선언을 내놓았으나 열강의 지지를 받지 못했다.

러일전쟁은 영일동맹과 러불동맹의 대립이었고, 그런 점에서 교전 당사국은 물론 영국과 프랑스도 동맹국의 전쟁에 촉각을 곤두세우고 있었다. 전쟁이라는 빙판에 말려들어 한꺼번에 미끄러지고 있는 네 나라의 모습을 미국이 멀리서 지켜보고 있다(〈그림 15〉).

〈그림 16〉에서 미국은, 러·일 두 나라가 싸우도록 내버려둔 채, 아시아에서 자국의 이해가 손상되지 않도록 급한 불을 서둘러 끄고 있는 모습이다. 상황에 따라 고립주의 전통에 안주함으로써 '불개입'을 통해 국익을 챙기는 모습은 1823년 먼로 선언 이후 오늘날까지도 미국이 견지하고 있는 대외정책의 주요 패턴 가운데 하나이다(〈그림 17〉).

러일전쟁의 전황은 유럽의 정세와 열강의 제국주의적 정책에 시시각각 반영되었다. 우선 개전 직후 체결된 영불협상은 18세기 이후 두 나라 사이에 지속되어온 식민지 문제에 관한 광범위한 대타협을 의미했다. 영불협상으로 두 나라는 모로코·이집트에 관한 권리를 상호 인정했다. 한편, 영국은 러시아가 전쟁에 말려든 틈을 이용해 티베트에서 세력권을 강화해나갔다.

영불협상의 성립으로 독일의 고립감은 더욱 심화되었다. 독일은 러불동맹과 영불협상을 깨뜨리기 위해 시도한 모로코 위기를 계기로 자국이 고립되었음을 재확인하게 되었다. 뿐만 아니라 독일은 1904년 가을부터 발트함대에 대한 석탄 공급을 약속하며 러시아에 '대륙동맹' 교섭을 제안하기 시작했다. 그리고 발트함대가 침몰하고 러·일이 루즈벨트의 강화 제의를 받아들인 6월 7일, 카이저는 러시아 황제에게 러독동맹을 제의하기도 했다. 이어 카이저는 1905년 7~10월에 핀란드의 한 섬인 뵈르케에서 러시아 황제를 만났을 때 다시 러독동맹을 제의해 수락을 받아냈다(뵈르케 밀약). 그럼에도 대륙연합으로 러불동맹과 영불협상을 약화시키려던 독일 황제 카이저의 원대한 계획은 독·러 양국 각료들의 반대로 결국 성공하지 못했다.

그렇지만 러일전쟁 중의 영불협상은 군사적 결속 관계의 효과를 보기가 어려웠다. 기존의 러불동맹과 영일동맹의 대립 구도가 쉽게 바뀌지 않았기 때문이다. 프랑스는 동맹국 러시아에 은밀한 외교적·경제적 지원을 보냈다. 따라서 일본은 지속적으로 프랑스의 이중적 태도를 의심하고 비난했다. 영국 역시 일본을 계속 지원했다. 영국은 전쟁 중 강화된 인도 북부에서의 자국의 식민적 입장을 유지하기 위해 전쟁이 끝나자마자 영일동맹을 갱신함으로써 인도 방위의 부담을 일본에 지우게 된다. 미국 역시 전비 지원을 통해 여전히 영일동맹을 간접적으로 지원하면서도, 유럽 열강의 행보에서 한 걸음 물러선 가운데 자국의 이득을 유지하는 정책을 고수했다. 일본이 전쟁에서 승리할 때마다 적극적으로 러·일 강화를 중개하려고 한 루즈벨트 대통령의 정책이 그것이다.

6. 러시아의 내우외환

    왼손에는 '전쟁'의 시한폭탄을, 오른손에는 '평화'의 비둘기를 한꺼번에 거머쥔 러시아 황제 차르의 모순된 모습을 풍자한 미국 삽화이다. 그의 왼발은 이미 동아시아에 깊숙이 빠져 있다. 전쟁 준비를 갖추지 못했으면서도 이미 개전에 돌입한, 그러면서도 평화적인 의도를 표방한 황제의 전쟁 책임을 통렬하게 비판했다. "왼손이 하는 일을 오른손이 모르게 하라"는 성서의 구절을 패러디함으로써 러시아 황제의 모호한 태도를 비판한 것이다.

그림 1

"I WILL DO ALL IN MY POWER TO MAINTAIN PEACE" — CZAR.
RUSSIA
WAR
THE FAR EAST.

〈그림 2〉, 〈그림 3〉
내우외환으로 번민하는 러시아
일본 중앙신문, 《ビジユアル日本の歷史》 50, 404쪽/미국삽화, 1904, Marshall Everett, 65쪽

러시아 거인의 머릿속은 재정난으로, 배 속은 혁명과 파업 등의 내환으로 시달리고 있다(〈그림 2〉). 두 발은 각각 만주와 한국을 내리누르고 있다. 만주와 한국을 한꺼번에 차지하려는 야욕으로 일본과 전쟁에 직면하게 된 러시아 전제정의 번민을 풍자하고 있다. 〈그림 3〉은 국내의 불만을 밖으로 돌리기 위해 무기를 들고 서 있는 러시아 황제를 혹독하게 비판하고 있다. '국내의 불만'이라고 쓰여진 맨홀 뚜껑 아래에서는 전제정의 산적한 모순에 시달리다 못해 전쟁을 강요당하는 러시아 민중의 신음소리가 울려 퍼지는 듯하다.

〈그림 4〉
앞뒤에서 공격하니 정신이 없군
Minneapolis Tribune, 1904, Marshall Everett, 291쪽

러시아가 동아시아 전선으로 매진해 앞만 보고 내달리는 동안, 국내에서는 혁명주의자들이 활개를 치고 있다. 러시아의 지배 아래 있던 핀란드 인들과 폴란드 인들도 러시아의 곤경을 이용해 민족주의 해방 운동을 전개하려 하고 있다. 러시아 국내 혁명주의자들의 끊임없는 소요는 전제정으로 하여금 더욱 동아시아에서 '승리에 빛날 작은 전쟁'에 매진하도록 만들었다.

그러나 러시아의 패배는 러시아 제국의 영향권 아래 있던 많은 유럽 국가들에게는 희망이었다. 그 같은 상황은 일본의 승리가 유럽 열강의 식민지 상태에 있던 아시아 여러 민족들에게 해방을 가져다줄 희망과

伸びゆく北方の巨人

グリム 2

그림 2

그림 3

CZAR OF RUSSIA
REVOLUTION
INTERNAL DISCONTENT
NIHILIST

그림 4

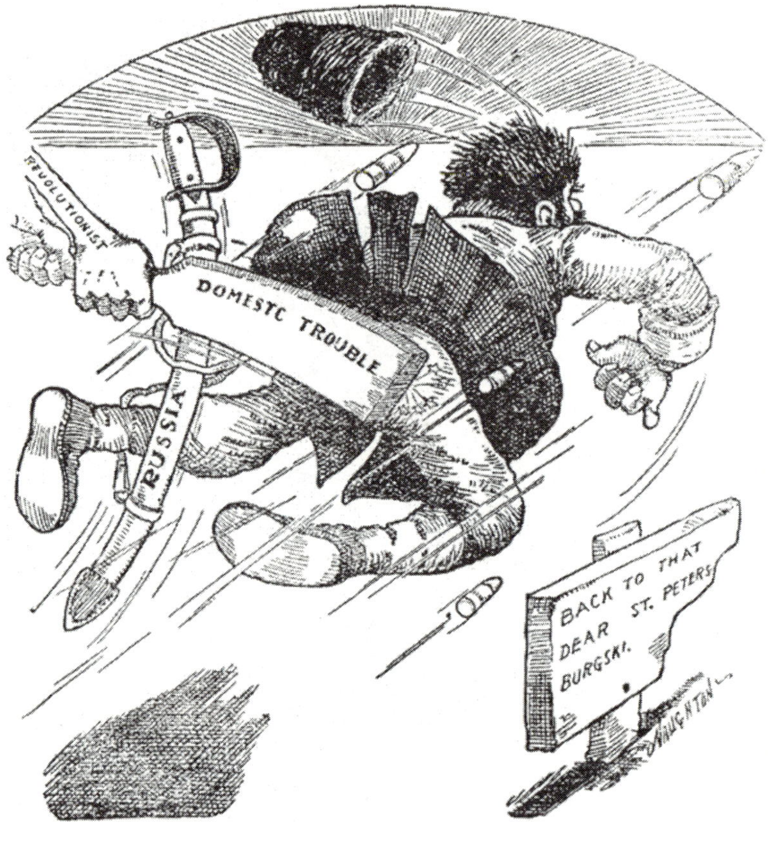
REVOLUTIONIST
DOMESTC TROUBLE
RUSSIA
BACK TO THAT
DEAR ST. PETERS
BURGSKI.

복음이었던 것과 같은 맥락이다. 1906~7년 영국령 인도에서의 국민운동, 1908년 프랑스령 인도차이나에서의 위기, 청제국의 동요와 혁명운동 등이 그것이다.

〈그림 5〉
행운의 여신마저 일본에게······ 러시아함선의 자체 침몰 사고
미국 삽화,1904, Marshall Everett, 300쪽

예니세이 호를 비롯한 러시아 전함이 스스로 침몰하는 사고가 일어났다. 적진 폭발용 포탄이 터지기라도 한 걸까. 두 전함이 폭발해버린 데는 북풍의 신 보레아스의 힘도 컸을 것이다. 보레아스는 수천 명의 러시아인들을 얼어 죽게 만들었다. 보레아스도 더 이상 러시아 편이 아니었다. 그러나 해변에서 꽃이 가득한 사치스러운 테이블을 앞에 놓고 차를 음미하며 이를 지켜보는 기모노 차림의 일본인은 여유롭기만 하다. 행운의 여신도 자신들을 돕는다고 기뻐하면서. '동맹 하나를 더 얻은 것 같다'며 좋아하는 모습이다.

〈그림 6〉, 〈그림 7〉
빈곤의 러시아
《東京パック》, 1905. 5. 10/*St. Paul's Pioneer Press*, 1904, Marshall Everett, 304쪽

〈그림 6〉에서 일본은 러시아를, 이제는 국민들로부터 거두어들일 수 있는 돈이라곤 한푼도 없는 나라로 풍자하고 있다. 러시아의 1904년 예산에는 당초 군사비가 계상되어 있지 않았다. 러시아는 전쟁 준비 체제를 갖추지 못한 채 전쟁에 돌입한 것이다. 따라서 전비는 러시아

그림 5

BOYARIN
YENISEI
RUSSIAN MINE
RUSSIAN MINE
JAPAN

露國は貧乏人之が神

그림 7

RUSSIA'S WARS
RUSSIA
DOMESTIC INTERESTS
REHSE

민중들에게 세금으로 전가되었고, 가난한 대다수의 민중들은 더욱 큰 고통을 겪어야 했다.

〈그림 7〉에는 두 마리의 곰이 등장한다. 국내 문제를 상징하는 아기곰은 "아빠, 이제 나하고 같이 집으로 가요"라며 정복 전쟁에 여념이 없는 아빠 곰에게 호소하고 있다. 러시아가 대외 전쟁으로 위기를 타개하기보다는 국내 문제에 전념해야 한다는 여론의 질책이다.

〈그림 8〉
전함 포템킨호의 선상 반란
《團珍》, 1905. 7. 7

러·일 강화의 움직임이 활발해질 무렵인 1905년 6월 27일, 러시아 흑해함대의 전함 포템킨 호에서 수병들의 선상 반란이라는 사상 초유의 사건이 일어났다. 수병들은 대부분 러시아 최하층 출신인 농노들이었는데, 구더기가 득실거리는 쇠고기를 보급받자 이들의 불만이 폭발한 것이다. 수병들의 선상 동요가 곧바로 항명으로 이어진 것은 구더기가 가득한 고기 수프(보르시치)와 소수 장교들에 대한 악의 때문만은 아니었다. 이 사건은 '피의 일요일' 사건, 전국적인 시민 봉기, 막바지에 이르렀던 러일전쟁 참패에 연이어 러시아 전제정의 모순이 응축된 것이었다. 함상 폭동은 사회민주당 주도 아래 노동자 총파업이 단행되고 있던 오데사에 입항해서도 계속되었다. 반란은 약 열흘 뒤인 7월 8일에 군경의 학살과 진압으로 실패한 채 막을 내렸다. 이 사건은 당시 일본의 여러 신문들을 통해 크게 보도되었다. 7월 7일자의 〈그림 8〉에서는 손과 발이 서로 싸우는[手足相鬪] 이 사건이 러시아 전제정에 치명타를 가했다고 풍자하고 있다.

◎手と足との
　内輪喧嘩

「戦場へ出掛けて日本と戦は
ねばならぬ手と脚が、同士
打をしては・殴らツー体の
大きい露國も、打ちたふれ
ヤには居まいテケヘ・・・

〈그림 9〉
더 이상 잃을 것이 없다!
Harper's Weekly, 1905. 4. 29

대한해협에서 대기하고 있는 도고 함대, 뒤로는 국내 혁명과 소요. 황제의 그늘진 얼굴에 러시아의 내우외환이 잘 나타나 있다. 그는 '더 이상 잃을 것이 없다'며 낙담하는 모습이다. 황제는 발트함대의 위용에 국운을 걸기라도 한 듯 산적한 국내 문제를 뒤로 하고 대한해협을 주시하고 있다. 3월 10~16일의 봉천회전에서 이미 패한 상태이지만, 3월 17일 마다가스카르 항을 출발한 러시아 제2태평양함대가 4월 14일에 인도차이나 캄란 만에 도착해 대기 중이었다. 차르는 효율적인 작전 수행을 위해 발트 해에서 7개월을 항행해온 제2태평양함대의 로제스트벤스키 제독에게 제3태평양함대와 합류할 때까지 캄란 만에서 대기할 것을 명령해놓은 상태였다.

러일전쟁은 한국과 만주를 둘러싼 제국주의 전쟁의 전형이며, 또 그것이 본질이다. 그러나 전쟁이 낳은 이 같은 '의외의' 파장은 20세기 역사에 미친 전쟁의 영향을 더욱 광범위하게 평가하도록 만들고 있다.[1]

〈그림 10〉, 〈그림 11〉
패전의 책임은 누구에게?
《東京パック》, 1905, 北澤樂天顯彰會, 樂天漫畵集大成, 明治編, 昭和49年, 90쪽/《시사만화》, 1905

패전의 책임은 누구에게 돌아가야 하나? 육군대신? 체신대신? 재무대신? 아니면 주불 러시아대사? 러시아 황제? 리네비치 장군? 1905년 1월 1일 여순 함락에 이어 3월 10일 봉천회전에서 패한 쿠로파트킨이 면직되면서, 패전의 책임을 묻는 러시아의 내부 분열을 일본 언론이

그림 9

REVOLT
TOGO
W. A. Rogers

그림 10

그림 11

尻押し また 尻押で にじり出し

풍자한 그림이다. 《시사만화》에서도 패전의 책임을 끝까지 서로에게 전가하는 모습이 풍자되고 있다. 베조브라조프 파는 황제를, 황제는 알렉세예프를, 알렉세예프는……. 이 그림은 전쟁의 책임을 회피하려는 러시아 정가의 모습을 통렬하게 비판했다.

〈그림 12〉, 〈그림 13〉
벼랑 끝의 전제정
Chicago Inter-Ocean, 1905/*Punch*, 1905. 2.1

> 반짝, 반짝, 가엾은 차르
> 어디에 있는지 모르겠네
> 어둠 속 안전한 보호막에서
> 부디 자리를 보전하길 바라네……(〈그림 12〉).

자유주의적 입헌주의 개혁 청원이 짓밟힌 러시아 국민들의 고통이 처참하게 묘사되어 있다. 해골만 남은 러시아 황제의 몰골이 초라하기만 하다(〈그림 13〉). 황제의 권위 실추는 러시아 전제정이 국내외적인 위기에 봉착하게 되었음을 상징한다. '국내의 위기를 타개'하기 위해 '승리에 빛날 작은 전쟁'이 필요했던 취약한 권위였기 때문이다. 1월 22일, 러시아에서는 '피의 일요일' 사건으로 불리는, 전제정에 반발하는 노동자들의 혁명이 일어나고 말았다.

그림 12

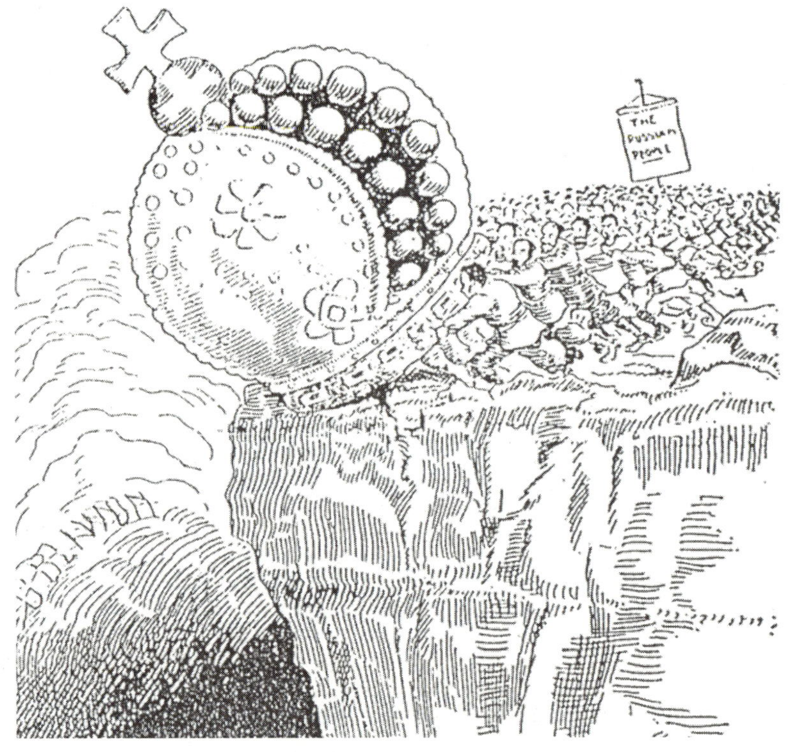
THE
RUSSIAN
PEOPLE

THE CZAR OF ALL THE RUSSIAS.

RUSSIA
DEFEAT
JAPAN

〈그림 14〉
패자의 변명
Minneapolis Journal, 1905. 2(www.Indiana.edu/~jia1915/war/room3.html)

"일본과 벌인 전쟁은 러시아의 전쟁이 아니라 차르의 전쟁이었다……", "러시아는 일본과의 전쟁에서 패하지 않았다……", "모스크바까지 일본군이 들어온 것도 아니고…… 러일전쟁은 러시아가 단지 동아시아령 러시아에서 패한 것일 뿐"이라는 등의 논리는 차르와 비테뿐만 아니라 오늘날 일부 러시아 학자들에게도 지속되고 있다.[2]

〈그림 14〉에서는 붕대를 감고 있는 상처 투성이의 패자(Defeat) 곰이 열강(Powers)의 옷을 입고 서 있는 남자에게 여전히 큰소리치고 있다. "여러분도 보다시피 나는 단지 저녁 먹는 기분으로 싸웠지만, 저쪽은 죽을 힘을 다해 싸웠잖소." 러시아의 이러한 허장성세는 포츠머스 강화회담에서도 그대로 이어졌다.

러일전쟁은 러시아 전제정의 내부 혼란과 결속을 위한 '소규모 국지전의, 승리에 빛나는' 것이어야 했다. 그러나 예상과는 달리 동아시아에서 거듭되는 러시아의 패전은 1905년 혁명과 해군사상 최초의 수병들의 선상 반란 등 내부 압력과 동요에 직면한 전제정에 더 큰 부담을 안겨주었다. 전제정을 유지하기 위해 러시아군의 정예병력은 만주 전선이 아니라 혁명 진압에 투입된 상황이었다. 시베리아철도를 통한 병력 수송과 보급의 개선은 전쟁이 막바지에 도달할 무렵에서야 개선되었다. 여순이 함락을 비롯해 장거리 병력 수송과 보급의 어려움에도 불구하고, 러시아는 전쟁 자체를 지속할 군사적 능력은 있었던 것으로 평가된다. 그러나 전제정의 급속한 전복을 막기 위해서라도 러시아는 강화를 선택하지 않으면 안 되었다. 이것이 당시 러시아 전제정의 딜레마였다.

7. 포츠머스 강화회담

패전으로 만신창이가 된 처참한 모습의 러시아에게 멀찌감치 떨어져 있는 열강이 강화를 종용하고 있다. 열강을 등에 업은 일본은 펜대까지 잡은 채 기다리고 있다. 일본 군인은 이전의 왜소한 모습은 간데없이 서구 열강과 거의 동등한 모습이다. 일본이 승전으로 말미암아 어엿한 열강의 반열에 올랐음을 의미한다.

러시아군 총사령부는 봉천회전에서 결정적으로 패하기 전인 3월 7일에 이미 후퇴를 결정한 바 있다. 그러나 러시아는 발트함대가 대마도해전에서 완전히 패한 뒤 6월 7일에 가서야 비로소 강화를 정식으로 수락했다.

그림 1

〈그림 2〉
평화를 회복하려는 노력
Harper's Weekly, 1905. 7. 29

러시아 황제 차르와 일본의 텐노가 마주앉아 평화를 회복하기 위해 노력하고 있다. 차르는 평화를 상징하는 비둘기를 내보이고 있다. 비둘기의 부리에는 작은 나뭇가지가 물려 있다. 차르의 오른손에는 부러진 날개 한쪽이 들려 있다. 칼 자루를 바닥에 내려놓은 텐노는 한 손에는 붓을, 다른 한 손에는 부러진 날개의 다른 한쪽을 들고 있다. 부러진 비둘기의 날개를 단단하게 붙이려는 의지를 과시하기라도 하듯이, 두 사람 곁에는 시멘트가 마련되어 있다. 영국·독일·프랑스가 관심 있게 이들의 행동을 주시하고 있다. 이와 달리 담장에 걸터앉아 거리를 두고 있는 미국의 처지는 훨씬 여유로운 듯 보인다.

〈그림 3〉〜〈그림 5〉
루즈벨트의 강화 제의
Harper's Weekly, 1905. 6. 24/프랑스 엽서, Yulia Mikhailova 소장/Sepp Linhart, 95쪽

〈그림 4〉와 〈그림 5〉에서 루즈벨트는 일본이 전쟁의 승기를 잡을 때마다 "이제 그만 하라"며 적극적으로 러·일 강화를 주선하고 있다. 지칠 대로 지친 모습의 차르와 텐노 뒤에는 수많은 전사자들의 희생이 묘사되었으며, 발밑은 온통 피로 물들어 있다. 멀리 바다 너머에서는 '평화'의 태양이 떠오르고 있다.

루즈벨트는 사하회전(1904년 10월) 이후, 일본의 여순 점령(1905년 1월) 직전과 직후, 봉천회전(3월 10일) 이후, 대마도해전(5월 27일) 이후 등, 일본이 승기를 잡을 때마다 적극적인 중재를 시도했다. 루즈벨트가 강

그림 2

LET US
HAVE
PEACE
W.A. Rogers

그림 4

TSOUSHIMA
1905
ROOSEVELT : Assez ! — Enough !

L'ARBITRE DE LA PAIX
Nemo

화를 주선한 데는 여러 가지 포석이 있었지만, 무엇보다도 일본의 예상 밖의 일방적 승리에 대한 경계심 때문이었다. 〈그림 5〉에서는 '중재자' 루즈벨트가 러·일을 '강화로' 유도하는 모습이 꼭두각시 놀이꾼으로 풍자되었다. 루즈벨트가 강화를 주선한 근본 의도가 잘 드러나 있다.

〈그림 6〉, 〈그림 7〉
일본의 강화 조건
《東京パック》, 1905. 7. 15/《東京パック》, 1905. 7. 15

러시아의 강화 전권대표들이 일본의 강화 조건에 무척 놀라는 모습이다(〈그림 6〉). 일본 쪽의 강화 조건은 한국·남만주·사할린뿐만 아니라 블라디보스토크가 위치한 연해주까지 포함하는 가혹한 것이었기 때문이다(〈그림 7〉).

〈그림 8〉
러시아의 자존심
《東京パック》, 1905. 7. 15

삽화 설명에 따르면, 일본의 대러 배상금 요구에 대해 러시아 니콜라이 2세는 "배상금을 주느니 내 손을 태워버리겠다"며 강하게 반발하고 있다. 차르는 강화 전권대표 비테에게 러시아의 강화 조건으로 '1루블도 줄 수 없다'는 내용을 손에 들려 포츠머스에 파견했다.[1] '러시아는 패배한 적이 없다. 모스크바까지 진격해온 것도 아니고……'라는 것이 그 이유였다. 일본은 결국 러시아로부터 한푼의 배상금도 받아내지 못했다.

TOKYO PUCK
東京パック
第壹卷
第四號
TAKAHIRA
KOMURA
講和條件
償金五
棧
沿
浦
鹽
POKOTILOFF
ROSEN
右領
東京有樂社

パック子が露國に要求するほゞの和平條件
クロツカ
カムチヤト
滿州
ウラジオ
朝鮮
本
The terms of Peace as proposed by
the Editor of " Tokyo Puck," to be
imposed upon Russia.

○露帝手を焼く
　償金を出す事は最大の恥辱であるが朕は償金を出すよりも焼えんと宣へりとそれしや日本に勝手に欲しいだけ焼き行でそれとのことならう——

THE CZAR'S HAND

" To pay indemnity to Japan "
the Czar proclaimed, "is our great-
est shame. We had better burn
our hands than to yield to that
demand." This is to say, it is ex-
plained, that Japan is allowed to
take money as much as she want.

<그림 9>
일본의 사할린 점령
《東京パック》, 1905. 12. 15

일본은 강화 담판을 유리하게 이끌기 위해 1905년 7월 사할린의 도서 전체를 점령했다. 사실상 일본의 사할린 공략은 루즈벨트의 제안에 따른 것이었다. 루즈벨트는 러·일 두 나라가 강화를 정식으로 승낙한 직후 곧바로 일본 특사인 가네코(金子堅太郎)에게 '일본이 사할린을 점령하면 어떨까'라고 제의한 것이다(6월 7일). 가네코는 이를 일본 정부에 급보로 전했고, 사할린 공략작전이 결정되었다(6월 17일). 사할린 공략은 별 어려움 없이 신속하게 이루어졌다. 1만이 넘는 일본의 제13부대 병력과 러시아의 사할린 소수 병력은 가히 비교도 되지 않았다. 전투라고 할 만한 것도 없이 러시아군은 7월 31일에 항복했다.

<그림 10>
배상금은 없고 사할린은 반으로 분할해야
《東京パック》, 1905. 12. 15

일본 강화 전권대표 고무라가 러시아 강화 전권대표 비테와 회담하며 진땀을 흘리고 있다. 러·일 양측은 한국에서 일본의 우월한(paramount) 이익 보유, 요동반도 조차권, 장춘~여순 간 동청철도 및 그 지선 양도 문제 등에는 쉽게 합의했다. 그러나 사할린 문제, 전비 배상 문제, 중립국에 억류된 러시아 군함의 인도 문제, 극동 해군의 제한 문제 등은 끝까지 난항을 거듭했다.

일본은 50도 이북의 북부 사할린을 러시아에 돌려주는 대가로 12억 엔을 요구하는 새로운 제안을 내놓았다(8월 12일).[2] 이 단계에서 비테는

明治三十八年史
History of 1905.
七月
樺太全島占領

Aug.　Cession of the half of Sakhalien.

강화조약 체결이 불가능할 것으로 보고, 전쟁을 계속하기 위해 해외차
관 도입이 불가피하게 될 것임을 본국에 타전했다(8월 14일).[3] 그러나
회의가 결렬될 위기에 놓이자 일본은 이 제안을 철회하고 사할린 남부
만을 요구했다. 일본으로서는 전쟁을 지속할 국력이 없었기 때문에 무
리한 요구를 고집할 수가 없었던 것이다. 차르도 일본이 사할린 문제에
대한 대가 지불 요구를 철회하지 않는 한 회담을 중지하라고 훈령했다
(8월 22일).[4]

　루즈벨트도 가네코에게 배상금 요구를 포기하라고 권고하고(8월 22
일), 니콜라이 2세를 설득함으로써 차르로부터 "사할린 남부까지 차지
할 생각은 없다"는 대답을 이끌어냈다(8월 24일).[5] 이 소식은 주러 영국
대사-영국 외무성-주일 영국대사-일본 외무성을 통해 고무라 전권대
표에게 타전되었다. 독일(8월 25일)과 프랑스(8월 29일)도 각각 루즈벨트
의 강화안 수락을 차르에게 권고하며 미국에 동조했다. 결국 일본은
배상금 요구를 포기하고(8월 28일), 러시아는 남사할린을 일본에 양도하
는 조건으로 최종 교섭이 타결되었다(8월 29일).

〈그림 11〉
신중한 비테
Punch, 1905. 8. 23

　미국의 한 신문기자가 러시아 전권대표 비테에게 접근하여 정보를
캐내려 하고 있다. 옆방의 일본 전권대표는 전혀 정보를 주지 않는다는
것이다. 삽화는 "내 입은 무겁지만, 분명 정의가 우리 편에 있다는 건
말할 수 있다. 그 사례를 들어볼까?"라며 과묵을 가장한 비테의 언론
플레이를 풍자하고 있다. 실제로 회담과 관련한 비밀 엄수를 훈령받은

그림 11

NO INTERVIEWERS ADMITTED
RUSSIAN PLENIPO
NO INTERVIEWERS ADMITTED
JAPANESE PLENIPOTENTIARY

일본의 고무라 대표와는 달리, 비테는 회담을 유리하게 이끌어나가기 위해 정보를 적당히 언론에 흘렸다.

〈그림 12〉
양측의 법정 변호인
《東京パック》, 1905. 8. 15

　포츠머스 강화회의가 법정 재판으로 풍자되고 있다. 루즈벨트 대통령이 증인으로 참석한 가운데 정의의 법모를 쓴 여성 대법관이 판결을 내리고 있다. 일본 고무라 외상의 변호인석에는 '전승'과 '인도주의'를 옹호하는 법정 변호인이 앉아 있다. 반면 러시아 전권대표 비테의 법정 변호인들은 '협박'과 '나각'을 내세운 요란한 변론을 하고 있다. 다분히 승전국 일본의 논리를 강변하는 풍자화이다. 법정 문에는 제3자의 판결 방청을 금한다고 해놓았지만, 양국의 강화 대상인 한국과 중국은 판결이 궁금하여 빠끔히 문을 열고 판결을 엿듣고 있다. 창밖에서는 유럽 열강이 강화 담판을 지켜보고 있다.

〈그림 13〉
중국의 승리?
Punch, 1905. 9. 13

　강화 조건에 만족하고 있는 중국의 모습을 풍자한 그림이다. 차와 도자기를 팔고 있는 청국 상인은 "앞으로 상거래는 원래 주인과 이루어져야 한다"는 문구를 써 붙여놓았다. 청국은 자국이 관여하지 않은 만주에 관한 강화 조항을 승인할 수 없다고 언명했다. 포츠머스 강화조약

그림 12

〈그림 12〉의 부분

KANGHUR STORES
BUSINESS
RESUMED
UNDER ORIGINAL
PROPRIETOR

제1조에 따르면, 일본이 러시아로부터 넘겨받은 만주의 여러 이권은
청국의 동의를 전제로 해야 했다. 1905년 12월에 체결된 고무라의 북경
청일조약이 그 결과이다.

■ 〈그림 14〉
평화로 들어가는 문
Harper's Weekly, 1905. 9. 2

　루즈벨트 대통령이 교전국 두 나라를 강화조약으로 끌어들이고 있
고, 평화의 여신은 그 문을 활짝 열어주고 있다. 배상금 문제와 사할린
양도 문제로 협상이 난항을 겪으며 장기화하고 있는 상황을 풍자한
듯하다. 결국 일본은 배상금 요구를 포기하고(8월 28일), 러시아는 남사
할린을 일본에 양도하는 조건으로 교섭이 타결되었다(8월 29일).[6] 삽화
는 강화를 중재하는 미국의 역할을 강조하고 있다.

■ 〈그림 15〉, 〈그림 16〉
양국 강화 사절들의 엇갈린 운명
《團珍》, 1905. 7/《東京パック》, 1905. 8. 15

　일본 언론들은 강화회담을 마치고 귀환할 러·일 강화사절들의 운명
을 예측하며 풍자하고 있다. 자국에 "결코 불리하지 않은"[7] 강화안을
타결한 비테는 강화문을 나팔 삼아 부는 듯 말을 타고 힘차게 귀환하고
있다. 반면 고무라 외상은 승전국으로서 합당한 강화안을 이끌어내지
못한 데 대한 국내의 따가운 여론에 직면해 있다. 전승에 들떠 있던
일본 정부와 여론은 러·일 강화를 굴욕적으로 받아들였다.[8] 이들 풍자

그림 14

TREATY
OF
WASHINGTON
DOGS
OF WAR

◎小村全權大使の渡米

그림 16

화에서 예견한 것처럼, 두 나라의 강화 대표는 귀국하면서 엇갈린 평가
와 운명에 직면했다.

8. 전쟁의 결과와 전후 국제 관계

<그림 1>
일본의 한국 '보호'국화
《東京パック》, 1905. 12. 15

　러일전쟁의 직접적인 결과는 한국과 남만주에서 일본의 지배권 확립이었다. 일본의 승리로 말미암아 러시아는 남만주에서 소유하고 있던 권리를 일본에 양도하고, 한국에 대한 모든 영향력을 포기했다. 1905년 9월 5일에 조인된 포츠머스 강화조약은 러·일 양국의 세력권을 다음과 같이 분할했다.

　첫째, 한국에서 일본의 군사·경제적 우월권을 승인하고, 한국에 대한 일본의 '지도·보호·감리' 조치를 인정했다. 둘째, 요동반도를 제외한 만주로부터 러·일 양군은 철수해야 했다. 셋째, 청국 정부의 동의를 얻어 요동반도 조차권 및 장춘과 여순 사이의 250킬로미터에 달하는 동청철도 남만지선을 일본에 양도하고, 넷째, 북위 50도 이남의 사할린과 그 부속 도서를 일본에 할양하게 되었다.

　그러므로 포츠머스 강화회담에서 한국에 대한 '보호·지도·감리'권

그림 1

을 러시아로부터 인정받은 일본은 한국에 보호조약을 강요했다. 일본은 한국에 대한 '보호'권 문제와 관련해 미국과 태프트-가쓰라 협정 이후 포츠머스 조약에 이르기까지 불과 39일 만에 영·미·러를 위시한 열강의 인증을 받아냈다. 이른바 일본의 을사보호조약(1905년 11월 17일) 강요는 태프트-가쓰라 협정, 제2차 영일동맹, 그리고 포츠머스 강화회담 등 열강의 승인을 모두 거치고나서 강행한 일이었다.

〈그림 1〉에서는 일본이 '한국 보호조 확보'라는 팻말을 붙여놓고 답답하게 갇혀 있는 닭에게 모이를 주는 모습으로 일본의 한국 '보호'를 표현했다. 러일전쟁기까지도 서양의 풍자화들은 종종 일본을 닭으로 묘사해왔다. 승전국 일본은 이제 한국을 자신 소유의 닭으로 표현하고 있는 것이다.

〈그림 2〉
영일동맹 갱신
Punch, 1905. 10. 4

동양은 동양, 서양은 서양
그러나 동양도, 서양도, 국경도, 인종도, 혈통도 없다네.
강인한 남성 둘이 서로 마주보고 있네.
그들은 지구 반대편에서 왔다네(키플링).

삽화에는 《정글 북》의 저자이자, 〈백인의 짐(White Men's Burden)〉이라는 시로 잘 알려진 백인종 우월주의자 키플링(1865~1936)의 시가 담겨 있다. 삽화에서 나타나듯이, 일본의 국가 이미지는 여성과 왜소한 원숭이에서 벗어나 러일전 승전 이후 백인 남성과 동등한 일본 남성 군인의

ALLIES.

당당한 모습으로 바뀌었다.

봉천회전에서 승리한 직후 영국의 랜즈다운 외상은 일본의 하야시 외상에게 동맹 갱신을 제안했다. 이어서 1905년 5월 17일에는 방어동맹을 '방어공수동맹'으로 강화할 것을 제안했다. 즉, 제1차 영일동맹에서 적국이 2개국 이상일 때 발효되기로 한 동맹의 원조 의무를 제2차 동맹에서는 적국이 1개국이라도 발생하도록 규정한 것이다.

제2차 영일동맹을 통해 동맹의 방위 부담이 인도까지 확대되어, 동맹의 범위가 매우 넓어졌다. 일본도 동맹 갱신이 러시아의 복수전에 대비하고 장래의 평화를 보장하며 자국의 고립을 예방하는 데 유리하다고 판단했다. 그리고 일본에게 무엇보다 중요한 것은 한국 지배를 영국으로부터 용인받는 것이었다. 이로써 제2차 영일동맹에서는 제1차 영일동맹 전문(前文)의 "한국의 독립"과 "영토 보전" 조항을 삭제하고, 한국에 대한 일본의 지도·감리·보호의 권리를 인정했다. 제2차 영일동맹은 포츠머스 강화회의가 시작된 지 이틀 만인 1905년 8월 12일에 체결되었고, 정식 발표는 9월 27일에 이루어졌다. 동맹 기간도 5년에서 10년으로 연장되었다.

제2차 영일동맹의 핵심은 인도 방어 문제였다. 영국은 동맹의 적용 범위를 인도까지 확장하자고 제안했는데, 이는 전후(戰後) 일본을 겨냥한 러시아의 해군력 증강과 그들의 인도 공격을 저지하기 위해서였다. 그러므로 포츠머스 강화회의 이전에 영국이 영일동맹을 갱신한 것은 일본으로 하여금 인도 방어의 부담을 나눌 수 있게 하는 기회라고 생각했을 뿐만 아니라, 정부가 교체될 경우 차기 정부가 영일동맹을 포기할 가능성이 있다고 본 데 따른 밸푸어(Balfour) 수상의 역할이 컸다.[1]

〈그림 3〉
불일협약
《東京パック》, 1907. 5. 20

일본은 동아시아에서의 세력범위와 이해관계의 조정을 위해 프랑스와 1907년 6월 10일에 불일협약을 체결하였다. 이에 따라 프랑스 자본이 유입된다는 소문을 접한 일본의 증권거래인과 자본가들이 기뻐하고 있다. 불일협약에 따르면, 인도네시아의 만일의 사태에 대비하여 지출할 군비를 일본에 유입하기로 되어 있었다. 일본 경제계가 이를 크게 환영하고 있다.

〈그림 4〉
존 불과 관계 개선을 위한 춤 어때요?
Punch, 1905. 10. 11

프랑스가 러시아에게 존 불과 춤출 것을 권하고 있다. 그러나 러시아는 영국의 태도가 미심쩍은 눈치이다. "그가 내 발을 밟지만 않는다면 나도 그렇게 하고 싶다"며 여전히 망설이는 눈치이다. 프랑스는 다시 러시아를 강력하게 설득한다. "아니, 그렇지 않을 거예요. 그의 스텝이 아주 많이 좋아졌거든요. 그와 춤춰보았는데, 놀라워요."
멀찌감치 서 있는 영국의 존 불은 아직도 일본과 동맹 유지에 적극적이다. 영일동맹은 포츠머스 강화회의가 열리기 직전인 8월에 이전의 방어적 성격의 동맹에서 방어공수동맹으로 강화된 상태였다. 러시아가 오랜 숙적인 영국과 관계 개선에 의심을 보인 것도 무리는 아닐 것이다. 그러나 프랑스로서는 러불동맹과 영불협상의 틈을 하루 빨리 메울 필요가 있었다. 결국 영러협상은 1907년 8월에 체결되었다.

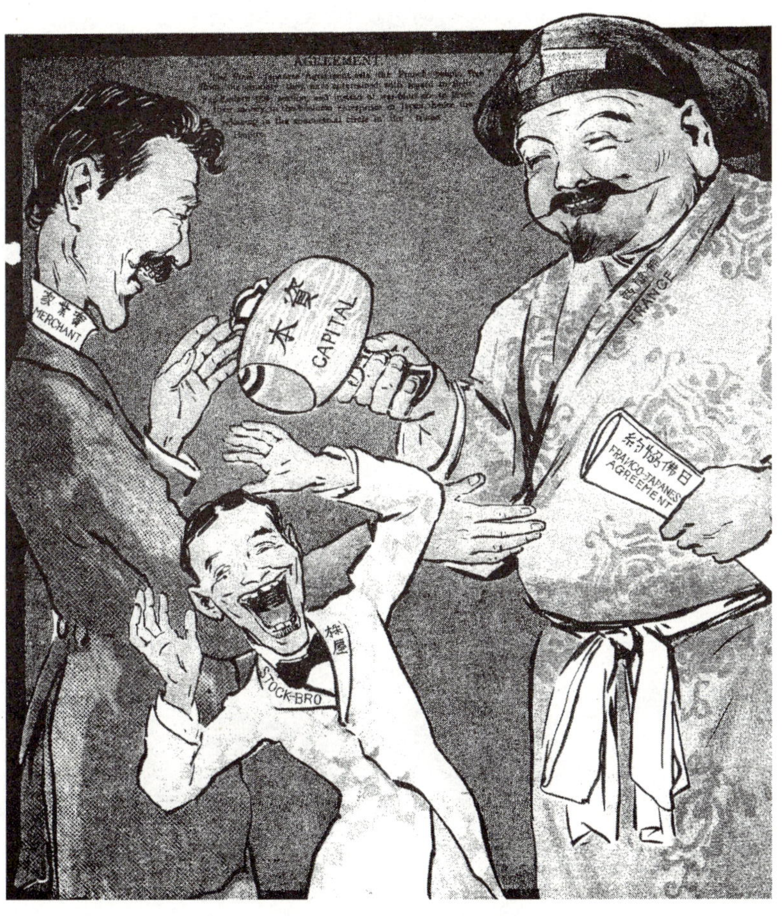
AGREEMENT
資本
CAPITAL
MERCHANT
STOCK-BRO
FRANCE
FRANCO-JAPANES
AGREEMENT

그림 4

WHY NOT?

FRANCE (to RUSSIA). "AREN'T YOU GOING TO DANCE WITH MR. BULL?"
RUSSIA. "I THINK I SHOULD RATHER LIKE TO, IF HE WOULDN'T TREAD ON MY TOES."
FRANCE. "OH, BUT HE WON'T. HE'S IMPROVED IMMENSELY. I FIND HIM ADORABLE!"

〈그림 5〉
영러협상
Punch, 1907. 10. 2

영러협상의 성립(1907년 8월 30일)은 패전한 러시아를 고립에서 해방시키고, 러불동맹·영불협상과 더불어 삼국협상 체제를 완성시키는 계기가 되었다. 뿐만 아니라, 영러협상은 19세기 내내 전세계적으로 벌어진 영국과 러시아의 식민 경쟁을 종식시키는 계기가 되었다. 이 협상은 티베트·아프가니스탄·페르시아에 대한 두 나라의 세력권 분할을 내용으로 하고 있다. 티베트에서 중국의 종주권을 인정하고, 영·러 양국은 이 지역에 침투하지 않기로 약속했다. 아프가니스탄에서는 영국의 세력권을 인정하고, 페르시아는 세 지역으로 분할해 북부는 러시아의 세력권으로, 남동부는 영국의 세력권으로, 가운데는 중립지역으로 하기로 합의했다.

러일전쟁은 이 같은 삼국협상 체제에 불일협약과 러일협약으로 일본까지 가세한 사국협상 체제[2]를 성립시킴으로써 사실상 대독 포위망을 구축했다. 실로 러일전쟁은 동아시아 정세를 크게 바꾸어놓았을 뿐만 아니라, 제1차 세계대전으로 가는 세력 구도 형성을 촉진시켰다.

〈그림 6〉
독청미협상 시도?
《東京パック》, 1907. 5. 20

1907년 6월과 8월 사이에 불일협약·러일협약·영러협상이 성립됨으로써 제1차 세계대전의 삼국협상 체제가 완성되었다. 고립된 독일은 오스트리아·이탈리아와 함께 삼국동맹을 갱신하고, 아시아에서는 청

그림 5

CHINO-GERMAN AGREEMENT
Kaiser: "How smart are the Japanese newspapers! They report things, which even I myself do not yet dream of. This seems like the thing worth trying!"

국과 긴밀한 관계를 조성했으며, 여기에 미국까지 가세한 협상을 시도하고자 했다. 〈그림 6〉에서 독일 황제는 혼잣말을 하고 있다. "일본 신문들은 참 영리하고 재빠르기도 하지. 내가 꿈도 꾸지 못한 것들을 신문에서 보도하다니. 한번 시도해볼 만한데!" 당시 실제로 독·청·미 협상을 시도했던 독일의 고립감을 일본의 언론이 예리하게 지적하고 있다.

〈그림 7〉
독일의 고립
Punch, 1908. 9. 23

평화의 여신 : 모두가 내 친구인데, 당신은 왜 홀로 서 있지요?
카이저 : 그럼 이제껏 내가 당신의 친구가 아니었단 말이오?
평화의 여신 : 지금까지는 그랬지요. 하지만 당신이 나의 친구라는 걸 증명하기 위해 무언가를 할 수 없나요?

러일전쟁 이후 독일의 고립은 더욱 심화되었다. 대독 포위망인 삼국협상 체제뿐만 아니라, 아시아에서 일본까지 가세한 사국협상 체제가 완성되었기 때문이다. 이에 대응하기 위해 독일은 청·미와 협상을 시도했지만, 이 역시 실패했다. 제1차 세계대전 발발 이전까지, 모로코와 발칸 위기로 말미암은 독일의 고립은 더욱 심화 일로에 처하게 된다.

"ISOLATION"

〈그림 8〉, 〈그림 9〉
쫓겨나는 한국의 헤이그 특사들
Daily Mirror, 1907. 7. 10/*Punch*, 1907. 3. 13

〈그림 8〉에서는 헤이그 평화회의장에서 쫓겨나는 한국 밀사들의 모습이 적나라하게 풍자되고 있다. 헤이그 평화회의장에서는 각국이 평화에 대한 회의적 언사를 쏟아내고 있다. 한편, 일각에서는 "저들을 쫓아내라", "너희들은 초대받지 않았다"고 외치며 한국 밀사들을 몰아내고 있다.

〈그림 9〉는 바로 평화회의 초청장이 각국에 발송된 시기에 나온 삽화이다. 평화회의가 개최되기 이전에 주관국 네덜란드가 47개국에 발송한 1906년 2월 14일자와 4월 3일자 초청국 명단에는 분명히 열두번째로 'Corea'가 기록되어 있었다.[3] 포츠머스 강화회담 직후 러시아는 한국에서 일본의 '보호'권을 간접적으로 견제하기 위해 한국의 고종에게 헤이그 평화회의 특사 파견을 제의한 바 있다. 그러나 정작 평화회의가 열릴 즈음 러시아의 정책은 일본의 한국 '보호'권을 공식 인정해주는 것으로 크게 바뀌어 있었다. 같은 시기에 외몽고와 한국 문제를 놓고 타협한 러일협약이 체결되었기 때문이다. 결과적으로 러시아 외교에 농락당한 헤이그 밀사들은 평화회의의 회의장 입장마저 거부되었다.[4]

〈그림 10〉
'헤이그 밀사사건'과 일본
《大阪パック》, 1907. 11. 15

이 삽화는 일본이 헤이그 밀사사건의 실패를 계기로 한국에 '정미 7조약'(제3차 한일협약)을 강요하며 내정권을 장악하기 이틀 전 일본의

WHO SAID PEACE?
I'LL DO FOR YOU NEXT YEAR
YOU HIT ME FIRST
WAIT TILL I GET MY NEW GUNS
KICK THEM OUT
YOU WEREN'T INVITED
OW! OW!
OW! OW!
KOREA

THE TUG OF PEACE.

Everybody (to everybody else). "AFTER YOU, SIR!"

No, Uncle dear, You are mistaken.   Come and just see what the Japs are doing with Corea.
I think they are better off than the Cubans.
紐育で發行する有力なる漫畫雜誌ジャツブ
は上圖の如き御迷畫が併かも二頁大の中繪
として掲載された、これも例の獨斷のミス
テークン、色眼鏡を掛けた米人
の偏見は推して知るべしだが、
餘りの見當違ひで聊か御氣の毒
に感ずるから我胝ではこの通り
揩き直して御返却申す
CHINA
COREA
JAPAN
平和
THE HAGUE PEACE WALL
UNCLE SAM—"I DIDN'T DO THAT WAY WITH CUBA."

그림 10

한 언론에 게재된 것이다.

선비 모습을 한 한국의 애어른이 '평화'라는 이름의 유모차 안에 태워져 딸랑이를 들고 천진한 미소를 띠고 있다. 유모차를 끄는 이는 한국을 보호국화한 일본 군인이다. 이를 지켜보고 있는 이는 변발한 청국인과 미국의 엉클 샘이다. 청국인의 손을 잡고 있는 엉클 샘은, '평화'를 가장한 채 한국 헤이그 밀사들의 평화회의 회의장 입장마저 방해했던 일본의 위선적인 태도를 꼬집고 있다. "우리 미국은 쿠바 인들을 그렇게 다루지는 않는다"는 것이다.

그림의 원 안에는 일본의 대한국 정책을 통렬하게 비판한 미국 《저지(Judge)》 지의 삽화가 담겨 있다. 일본 군인이 한국의 헤이그 특사들을 잔인하게 회의장 밖으로 끌어내고 있다. 미국의 엉클 샘은 일본의 이 같은 행동을 유심히 살피고 있지만, 평화회의 참가국들은 회의장 안에서 사태를 방관하고 있다. 일본 언론은 미국의 헤이그 사건을 보는 시각과 대비시켜 자국 국민의 인식 수준이 저급하다고 비판하고 있다.

엉클 샘이 청국인의 손을 잡고 있는 것으로 보아, 일본에 한국은 내주었지만, 만주에서 이해는 양보할 수 없다는 미국의 단호한 태도를 읽을 수 있다. 당시 미국은 만주에서 독점적 지위를 굳히고 있던 일본과 갈등이 고조되고 있었다.

〈그림 11〉
통감정치의 폐악
《東京パック》, 1908. 11. 1

헤이그 밀사사건을 구실로 일본에서는 본격적으로 한국 병합론이 대두했다. 정미 7조약(1907년 7월 24일, 제3차 한일협약)을 강압해 한국의

Resident-General Administration.

내정권까지 장악한 일본은 사실상의 한국 병합 수순에 들어갔다. 이토 (伊藤博文) 통감은 헤이그 밀사사건을 빌미로 한국에 대한 행동 변화를 가져올 호기가 왔다고 판단했다.[5] 일본 내각과 겐로 회의는 곧바로 한국 내정의 전권 장악을 결정하고, 그 실행을 이토에게 일임하기로 했다 (7월 10일).[6] 고종황제의 강제 퇴위(7월 19일)를 시작으로, 24일의 정미 7조약, 27일의 언론 탄압을 위한 〈신문법〉, 29일의 결사를 금지하는 〈보안법〉, 31일의 군대해산령 강제 등이 그 결과로 이어졌다.

그림에서 커다란 거북이 이토 통감은 한국의 황태자에게 일본어 교본을 손에 들게 한 채 팔로 감싸 안고 있다. 그러나 그의 눈과 귀는 꼬리 부분에 가 있다. 이토의 한국 통치 방식과 그에 따른 한국 민중의 고통을 일본 여론이 통렬하게 비판한 것이다.

〈그림 12〉
이제 일본의 힘은 견제되어야 한다
Harper's Weekly, 1905. 7. 22

러일전쟁이 일본의 승전으로 귀결되자마자 미국과 영국은 아시아와 태평양에서 열강의 반열에 올라 자신들의 힘을 위협하는 일본을 견제하기 시작했다. 루즈벨트 대통령은 러·일 강화를 제의해놓은 상태였다. 삽화에서는 큰 산처럼 버티고 서 있는 황색 열풍(Yellow Jack)을 잠재워야 한다는 데 엉클 샘과 존 불이 동의한 듯하다.

러일전쟁 이후 만주를 독점하려는 일본에 맞서 자국의 이해를 확보하려던 미국과 영국은 이제 견제되어야 할 대상이 러시아가 아니라 일본이라는데 동의하게 된다. 영일동맹이 1905년 8월에 더 강력한 동맹으로 재탄생했음에도, 영일동맹의 규정상 영국은 미·일 대립이 심화될

THE FIRST MOUNTAIN TO BE REMOVED

경우 미국과 전쟁 가능성을 우려하지 않으면 안 되었다. 영국은 영일동맹 때문에 미·일의 대립 사이에서 어정쩡한 입장일 수밖에 없었다.

이제 일본으로서는 미국과 분쟁이 발생할 경우 영국보다도 러시아에 의존하지 않으면 안 되었다. 따라서 태평양 연안을 둘러싸고 미국과 분쟁에 맞서는 일본에게 수 차례에 걸친 러시아와의 협약은 힘의 지렛대가 되어주었다. 전쟁 이전에 적국이던 러시아가 전후에는 일본의 우방국이 된 것이다. 이로써 동아시아에서 식민지를 둘러싼 국제 관계는 더욱 빠르게 재편되고, 나아가 제1차 세계대전과 20세기 미·일 사이의 태평양을 둘러싼 격돌에도 지대한 영향을 미치게 되었다.

주(註)

1. '힘의 정치'(Power Politics)의 시대

1) Ian H. Nish, *Alliance in Decline — A Study in Anglo-Japanese Relations 1908~1923*, University of London, the Athlone Press, 1972, 7쪽.

2) 日本大藏省, 《大藏省史》 第1卷, 1998, 381쪽 ; 日本銀行100年歷史 編纂委員會, 《日本銀行百年史》 第2卷, 1986, 169쪽.

3) 神山恒雄, 《明治經濟政策史の硏究》, 塙書房, 1995, 242쪽 ; 桑田悅編, 〈第1編 : 日淸·日露戰爭〉, 《近代日本戰爭史》, 東京堂出版, 1996, 578~79쪽 ; 林健久, 〈日露戰爭と外債〉, 《唯物史觀》 Vol. 16, 河出書房, 37~47쪽 ; Toshio Suzuki, "Japan's military and financing loan issue during the Russo-Japanese War(1904~5)", ASEM 연구원 주최, 러일전쟁 국제 심포지엄(2005. 11. 17~18) 발표 논문.

4) 岩城成幸, 〈もうひとつの《日露戰爭》 - 外債發行をめぐる日露の國際金融戰爭〉, 日本國士館大學 〈日露戰爭100周年〉 국제 심포지엄(2004. 10. 5) 발표 논문.

5) 篠永宣孝, 〈日露戰爭とフランスの對ロシア借款〉, 軍事史學會編, 《日露戰爭 - 國際的文脈》, 錦正社, 2004, 238~39쪽 ; 井上光貞 外, 《日本歷史大系4 : 近代》, 1145쪽 ; 中山弘正, 《帝政ロシアと外國資本》, 岩波書店, 1988, 210~11쪽.

6) 석화정, 〈러불동맹 갱신에 관한 일연구〉, 《역사학보》 제111집, 1986. 9.

7) D(ocuments) D(iplomatiques) F(rançais, 1871~1914), Ministère des Affaires Etrangères, Paris : Imprimerie Nationale, 1930~1959, série II, T. II, No. 103.

8) DDF, série II, T. II, No. 129, 156쪽.

9) DDF, série II, T. II, No. 145, 177~78쪽.

2. 전쟁의 원인 – 한국과 만주 문제

1) A(rkhiv) V(neshnei) P(olitiki) R(ossiskoi) I(mperii), Kitaiskii stol. op. 491, 1904, d. 52, l. 40.

2) 《日本外交文書》 38 : 5, 106~107쪽.

3) 최문형, 《명성황후 시해의 진실을 밝힌다》, 지식산업사, 2004/2006 ; 《閔妃は誰に殺されたのか－見えざる日露戰爭の序曲》, 彩流社, 2004/2006 참조.

4) 권혁수, 〈러일전쟁과 한중관계의 변천〉, 아셈 러일전쟁 학술회의(2005. 11. 17) 발표 논문.

5) 김상수, 〈영국의 고립청산외교〉, 한양대학교 박사학위 논문, 1991.

6) Rossiya Gosudarstvennui Istoricheskii Arkhiv, f. 560, op. 28, d. 213, 135~151쪽 ; 석화정, 〈러일전쟁〉, 문정인·김명섭 외, 《동아시아의 전쟁과 평화》, 연세대학교 출판부, 2006, 164쪽.

7) *Istoriiya Rossii 20-i vek*, Moskba, AST, 1999, 20쪽 ; Igorii Saveliev, 〈ロシアから見た日露戰爭〉, 《ユーラシア研究》, 東洋書店, 2005. 11, 14~18쪽 ; Igor V. Lukoianov, "The Bezobrazovitsy", John W. Steinberg, Bruce W. Menning, etc(ed.), *The Russo-Japanese War in Global Perspective－World War Zero*, Brill, 2005.

8) A. 말로제모프, 석화정 옮김, 《러시아의 동아시아정책》, 지식산업사, 2001. 제9장 참조.

9) *British Parliamentary Papers*, China, 1904, No. 94.

10) 日本陸軍省 編, 《明治軍事史》 下, 原書房, 1966, 1264쪽 ; 《公爵桂太郎傳》 坤券, 原書房, 1967, 117~122쪽.

11) 石和靜, 〈ロシアの韓國中立化政策〉, 《スラブ研究》, 北海道大學 スラブ研究센터, 1999.

12) *Krasnyi Arkhiv* 63, 53쪽.

13) *British Parliamentary Papers, Correspondence*, No. 17.

14) 《日本外交文書》 36-1, No. 31.

15) *British Parliamentary Papers, Correspondence*, No. 22.

16) *British Parliamentary Papers, Correspondence*, Nos. 38, 39.

17) B(ritish) D(ocuments on the Origins of the War, 1898~1914), Vol. II, No. 105, 95~98쪽.

3. 황화(黃禍)와 백화(白禍)

1) 崔文衡, 《日露戰爭の世界史》, 藤原書店, 2005.

2) 車瓊愛, 〈한국인의 의화단운동 인식 및 이를 통해서 본 세계인식〉, 《東洋史學研究》 제84집, 2003. 9.

3) 석화정, 〈러불동맹과 위테의 동아시아 정책〉, 한양대학교 박사학위논문, 1995, 98~111쪽.

4) 석화정, 〈위테의 동청철도 부설권 획득경위〉, 《중소연구》 20-3, 한양대학교 중소 연구소, 1996.

5) 이노우에 유이치, 석화정·박양신 옮김, 《동아시아철도 국제관계사》, 지식산업사, 2005.

6) A. 포터, 석화정 옮김, 《유럽제국주의연구의 현황과 과제》, 한양대학교 출판부, 2001 참조.

7) E. H. Zabriskie, *American-Russian Rivalry in Far East, 1895~1914*, Philadelphia : University of Pennsylvania Press, 1946, 101쪽.

8) Akira IIkura, "The Anglo-Japanese Alliance and the Guestion of Race", Phillips O'brien(ed.), *The Anglo-Japanese Alliance 1902~1922*, Routledge Curzon, 2004, 224~25쪽.

9) 같은 책, 226쪽.

4. 개전과 전황

1) *National Archives*, Minister's Dispatches, Roll. 60, McCormick to Hay, 1904. 2. 7.

2) 岩城成幸, 〈もうひとつの《日露戰爭》—外債發行をめぐる日露の國際金融戰爭〉, 日本國士館大學 〈日露戰爭 100周年〉 국제 심포지엄(2004. 10. 5) 발표 논문.

3) 최문형, 〈러일전쟁과 일본의 독도 점취〉, 《역사학보》, 2005. 12 ; 〈日露戰爭と日本の獨島占取〉, 《環》, 藤原書店, 2005. 7.

4) 같은 글.

5. 전황과 국제정세 변화

1) Georges Michon, *The Franco-Russian Alliance 1891~1917*, New York, 1929 ; 석화정, 〈러불동맹과 위테의 동아시아 정책〉, 한양대학교 박사학위논문, 1995, 16~17쪽.

2) Sneh Mahajan, *British Foreign Policy 1874~1914 —the Role of India*, Routledge, 2002, 153쪽.

3) 콘스탄틴 플레샤코프, 표완수·황의방 옮김, 《짜르의 마지막 함대》, 중심, 2003, 312쪽.

4) 같은 책, 307~8쪽.

6. 러시아의 내우외환

1) 석화정, 〈러일전쟁〉, 《동아시아의 전쟁과 평화》(한국평화학회, 2006), 189~91쪽. 2004~5년 한국·이스라엘·일본 등지에서 열린 러일전쟁 100주년 국제 심포지엄.

2) 2004. 2. 8~11, 예루살렘 하이파대학 주최 〈러일전쟁 100년 국제 심포지엄〉의 질의 응답과 토론.

7. 포츠머스 강화회담

1) S. Iu. Witte, *Memoirs*, Armonk, New York, 1990, 426쪽 ; Sidney Harcave, *Count Sergei Witte and the Twilight of Imperial Russia*, M. E. Sharpe, 2004, 145쪽.

2) *AVPRI*, f. 150, Op. 493, d. 625, ll. 1–207.

3) *AVPRI*, f. 150, Op. 493, d. 625, ll. 1–207.

4) *AVPRI*, f. 150, Op. 493, d. 625, ll. 1–207.

5) *AVPRI*, f. 150, Op. 493, d. 625, ll. 1–207 ; *Letters of Theodore Roosevelt*, IV, 5~6쪽 ; 寺本康俊, 《日露戰爭以後の日本外交》, 信山社, 1999, 60쪽.

6) 석화정, 〈러일전쟁〉, 《동아시아의 전쟁과 평화》, 184쪽.

7) Charles Louis Seeger(ed. and tr.), *The Memoirs of Alexander Izwolsky*, London, 1920, 129쪽 ; E. A. Adamov(ed.), *Sbornik dogovorov Rossii s drugimi gosudarstvami, 1856~1917*, Moscow : Gospolitizdat, 1952, 337~44쪽 ; A. V. Ignat'ev, "The Foreign Policy of Russia in the Far East at the Turn of the Nineteenth and Twentieth Centuries, Hugh Ragsdale", *Imperial Russian Foreign Policy*, Woodrow Wilson center Press and Cambridge University Press, 1993, 262쪽.

8) 寺本康俊, 《日露戰爭以後の日本外交》, 信山社, 1999.

8. 전쟁의 결과와 전후 국제 관계

1) Sneh Mahajan, *British Foreign Policy 1874~1914 —the Role of India*, Routledge, 2002 ; Phillips Payson O'Brien(ed.), *The Anglo-Japanese Alliance 1902~1922*, Routledge Curzon, 2004 참조.

2) John A. White, *Transition to Global Rivalry —Alliance Diplomacy and the Quadruple Entente, 1895~1907*, Cambridge University Press, 1995.

3) 〈헤이그에서 본 이준 열사〉, 사단법인 이준 아카데미, 2000. 8.

4) 석화정, 〈한국 '보호'문제를 둘러싼 러일의 대립-'헤이그 밀사사건'을 중심으로〉, 정성화 외, 《러일전쟁과 동북아의 변화》, 선인, 2005, 79~88쪽.

5) 《日本外交文書》 40-1, No. 433, 430~31쪽.

6) 《日本外交文書》 40-1, No. 474, 455~56쪽.